なりたい自分《じぶん》になろう！

人生《じんせい》を切《き》りひらいた女性《じょせい》たち ②

経済《けいざい》　教育《きょういく》　社会《しゃかい》　編《へん》

樋口恵子 監修

教育画劇

はじめに

この社会《しゃかい》のどんな仕事《しごと》も生《い》き方《かた》も、昔《むかし》から自然《しぜん》にあったものではありません。その時代《じだい》を生《い》きる人間《にんげん》の先輩《せんぱい》たちが、周囲《しゅうい》の状況《じょうきょう》に対応《たいおう》しながらつくり上《あ》げてきたものです。

ほんの少《すこ》し前《まえ》まで、女性《じょせい》の地位《ちい》は男性《だんせい》に比《くら》べて著《いちじる》しく低《ひく》く、生《い》きる場《ば》も役割《やくわり》も家庭《かてい》の中《なか》に限定《げんてい》されていました。そんな中《なか》でも、女性《じょせい》の状況《じょうきょう》に疑問《ぎもん》を持《も》ち、自分《じぶん》の志《こころざし》を生《い》かそうと挑戦《ちょうせん》した女性《じょせい》たちがいます。

この巻《かん》には、幼《おさな》いころから自分自身《じぶんじしん》の志《こころざし》を育《そだ》て、女性《じょせい》が生《い》きる新《あたら》しい分野《ぶんや》のパイオニアとなった女性《じょせい》たちの小《ちい》さな伝記《でんき》があつめられています。女性《じょせい》パイオニアたちは、自《みずか》らの人生《じんせい》を通《とお》して新《あたら》しい道《みち》を切《き》り開《ひら》くとともに、あとにつづく女性《じょせい》たちの道《みち》しるべとなりました。女性《じょせい》の道《みち》だけでなく、この世《よ》を照《て》らす光《ひかり》を少《すこ》しでも明《あか》るくすることに力《ちから》を注《そそ》ぎました。女性《じょせい》の、人間《にんげん》の可能性《かのうせい》をさらにひろげ、今《いま》も未来《みらい》を照《て》らしています。

女性《じょせい》たちが学問《がくもん》をしたり、職業《しょくぎょう》を持《も》ったりすることが困難《こんなん》な時代《じだい》に、彼女《かのじょ》たちはどうして壁《かべ》に立《た》ち向《む》かう勇気《ゆうき》を得《え》たのでしょうか。

それは第一《だいいち》に、一生《いっしょう》けんめい生《い》きて、勉強《べんきょう》を重《かさ》ね、自分《じぶん》の志《こころざし》は正《ただ》しい、という自信《じしん》と勇気《ゆうき》を得《え》たことだと思《おも》います。読者《どくしゃ》の皆《みな》さんもこの本《ほん》をはじめ、よい本《ほん》を読《よ》み、勉強《べんきょう》を重《かさ》ね、よき友《とも》を持《も》ち、志《こころざし》と自信《じしん》を育《そだ》ててください。

第二《だいに》に、目標《もくひょう》に向《む》かって挑戦《ちょうせん》することは、一面《いちめん》で苦難《くなん》の多《おお》い怖《こわ》いこと、不安《ふあん》なことでもありますが、一面《いちめん》では手《て》ごたえと生《い》きがいに満《み》ちているということです。彼女《かのじょ》たちは、パイオニアだからこその汗《あせ》と涙《なみだ》を人《ひと》の何倍《なんばい》もこぼしました。しかし、新《あたら》しい分野《ぶんや》だからこそ、小《ちい》さなことでも新《あたら》しい体験《たいけん》をし、人《ひと》とのつながりを生《う》み、やってみたからこその達成感《たっせいかん》を得《え》ることができました。

チャレンジは、基本的《きほんてき》にわくわくし、苦《くる》しみも多《おお》い代《か》わり喜《よろこ》びも深《ふか》いものがあります。自分《じぶん》を生《い》かし、世《よ》の人々《ひとびと》と喜《よろこ》びを分《わ》かち合《あ》うために、あなたも挑戦《ちょうせん》してみませんか。チャレンジはおもしろい！

樋口恵子《ひぐちけいこ》
評論家《ひょうろんか》
東京家政大学名誉教授《とうきょうかせいだいがくめいよきょうじゅ》
女性未来研究所所長《じょせいみらいけんきゅうじょしょちょう》

もくじ

はじめに……2

第《だい》1章《しょう》 経済《けいざい》・経営《けいえい》

実業家《じつぎょうか》
広《ひろ》岡《おか》浅《あさ》子《こ》…4

実業家《じつぎょうか》・随筆家《ずいひつか》
相《そう》馬《ま》黒《こっ》光《こう》…6

貿易商《ぼうえきしょう》
大《おお》浦《うら》慶《けい》…8

興行師《こうぎょうし》
吉《よし》本《もと》せい…9

第《だい》2章《しょう》 教育《きょういく》・社会《しゃかい》福祉《ふくし》

教育者《きょういくしゃ》
下《しも》田《だ》歌《うた》子《こ》…10

教育者《きょういくしゃ》
津《つ》田《だ》梅《うめ》子《こ》…12

教育者《きょういくしゃ》
黒《くろ》澤《さわ》止《と》幾《き》…16

教育者《きょういくしゃ》・社会事業家《しゃかいじぎょうか》
矢《や》嶋《じま》楫《かじ》子《こ》…16

教育者《きょういくしゃ》
跡《あと》見《み》花《か》蹊《けい》…17

教育者《きょういくしゃ》
石《いし》井《い》筆《ふで》子《こ》…17

教育者《きょういくしゃ》・国語《こくご》教育《きょういく》研究家《けんきゅうか》
大《おお》村《むら》はま…18

医師《いし》・教育者《きょういくしゃ》
マリア・モンテッソーリ…19

慈善《じぜん》事業家《じぎょうか》
澤《さわ》田《だ》美《み》喜《き》…20

慈善《じぜん》事業家《じぎょうか》
瓜《うりゅう》生《う》岩《いわ》子《こ》…24

慈善《じぜん》事業家《じぎょうか》
田《た》内《うち》千《ち》鶴《づ》子《こ》…24

社会福祉《しゃかいふくし》事業家《じぎょうか》・作家《さっか》
ヘレン・ケラー…25

修道女《しゅうどうじょ》
マザー・テレサ…26

第《だい》3章《しょう》 社会《しゃかい》活動《かつどう》

婦人運動家《ふじんうんどうか》・思想家《しそうか》
平《ひら》塚《つか》らいてう《(ちょう)》…28

婦人運動家《ふじんうんどうか》
福《ふく》田《だ》英《ひで》子《こ》…32

自由民権運動家《じゆうみんけんうんどうか》
楠《くすの》瀬《せ》喜《き》多《た》…32

女性史《じょせいし》研究家《けんきゅうか》・詩人《しじん》
高《たか》群《むれ》逸《いつ》枝《え》…33

記者《きしゃ》・教育者《きょういくしゃ》
羽《は》仁《に》もと子《こ》…34

記者《きしゃ》・婦人運動家《ふじんうんどうか》
ベティ・フリーダン…34

GHQ《ジーエイチキュー》民間《みんかん》職員《しょくいん》
ベアテ・シロタ＝ゴードン…35

婦人運動家《ふじんうんどうか》
奥《おく》村《むら》五《い》百《お》子《こ》…35

記者《きしゃ》
松《まつ》本《もと》英《えい》子《こ》…35

小説家《しょうせつか》・思想家《しそうか》
シモーヌ・ド・
ボーヴォワール…35

第《だい》4章《しょう》 政治《せいじ》・法律《ほうりつ》

婦人運動家《ふじんうんどうか》・政治家《せいじか》
市《いち》川《かわ》房《ふさ》枝《え》…36

婦人運動家《ふじんうんどうか》・政治家《せいじか》
奥《おく》むめお…38

婦人運動家《ふじんうんどうか》・政治家《せいじか》
加《か》藤《とう》シヅエ…38

教育者《きょういくしゃ》・政治家《せいじか》・婦人運動家《ふじんうんどうか》
河《かわ》崎《さき》なつ…39

国連《こくれん》官僚《かんりょう》
緒《お》方《がた》貞《さだ》子《こ》…39

民主化《みんしゅか》運動《うんどう》指導者《しどうしゃ》・政治家《せいじか》
アウンサンスーチー…40

政治家《せいじか》
マーガレット・サッチャー…42

官僚《かんりょう》
高《たか》橋《はし》展《のぶ》子《こ》…42

政治家《せいじか》
土《ど》井《い》たか子《こ》…42

環境《かんきょう》保護《ほご》運動家《うんどうか》・政治家《せいじか》
ワンガリ・マータイ…42

弁護士《べんごし》
中《なか》田《た》正《まさ》子《こ》…43

歴史《れきし》年表《ねんぴょう》(経済《けいざい》・教育《きょういく》・社会《しゃかい》分野《ぶんや》を中心《ちゅうしん》に)…44

訪《たず》ねてみよう　博物館《はくぶつかん》・資料室《しりょうしつ》…46

＊本書《ほんしょ》の中《なか》には、現在《げんざい》では好《この》ましくないとされる表現《ひょうげん》や語句《ごく》が一部《いちぶ》含《ふく》まれておりますが、当時《とうじ》の様子《ようす》を子《こ》どもたちに伝《つた》えたいという趣旨《しゅし》により、そのような表現《ひょうげん》を使用《しよう》しています。

広岡浅子《ひろおかあさこ》

実業家《じつぎょうか》　1849-1919年《ねん》／日本《にほん》（京都出身《きょうとしゅっしん》）

おてんばむすめから実業家《じつぎょうか》へ 女性実業家《じょせいじつぎょうか》の先《さき》がけ

九転十起《きゅうてんじゅっき》

（出典《しゅってん》：『人《ひと》を恐《おそ》れず天《てん》を仰《あお》いで 復刊《ふっかん》「一週一信《いっしゅういっしん》」』新教出版社《しんきょうしゅっぱんしゃ》）

人《ひと》が七転《ななころ》び八起《やお》きというのなら、自分《じぶん》は九回転《きゅうかいころ》んでも十回起《じっかいお》き上《あ》がる人間《にんげん》になろう。困難《こんなん》なことがあっても決《けっ》してあきらめないという、浅子《あさこ》の強《つよ》い気持《きも》ちがこめられた言葉《ことば》です。

（提供《ていきょう》：大同生命保険《だいどうせいめいほけん》）

本《ほん》を読《よ》む浅子《あさこ》。小《ちい》さいころから学問《がくもん》に興味《きょうみ》があったが、両親《りょうしん》から読書《どくしょ》を禁止《きんし》されたため、家族《かぞく》にかくれてこっそりと読《よ》んでいた。

一度決《いちどき》めたらやり通《とお》す 絶対《ぜったい》にあきらめない

浅子《あさこ》が20歳《さい》のころ、明治維新《めいじいしん》が起《お》き、国《くに》の仕組《しく》みが大《おお》きく変《か》わりました。経営《けいえい》に必要《ひつよう》なことを必死《ひっし》で勉強《べんきょう》した浅子《あさこ》は、とつぎ先《さき》の加島屋《かじまや》を立《た》て直《なお》します。

その後《ご》、蒸気機関車《じょうききかんしゃ》などの燃料《ねんりょう》として注目《ちゅうもく》されていた石炭《せきたん》をほる、炭鉱事業《たんこうじぎょう》にも挑戦《ちょうせん》。なかなか石炭《せきたん》が出《で》なくても、「うちの山《やま》だけ石炭《せきたん》が出《で》ないはずはない」と考《かんが》え、自《みずか》らも炭鉱《たんこう》に入《はい》ります。浅子《あさこ》が努力《どりょく》を重《かさ》ねた結果《けっか》、ついに石炭《せきたん》が大量《たいりょう》に出《で》るようになり、炭鉱《たんこう》事業《じぎょう》は成功《せいこう》します。

1896年《ねん》、浅子《あさこ》のもとに、女子教育《じょしきょういく》の大切《たいせつ》さをうったえる成瀬仁蔵《なるせじんぞう》が訪《おとず》れます。浅子《あさこ》は成瀬《なるせ》の著書《ちょしょ》を読《よ》み、深《ふか》く感動《かんどう》しました。浅子《あさこ》も女子教育《じょしきょういく》の大切《たいせつ》さを感《かん》じていたからです。成瀬《なるせ》とともに日本女子大学校《にほんじょしだいがっこう》の創設《そうせつ》につくし、別荘《べっそう》に生徒《せいと》を集《あつ》めて勉強会《べんきょうかい》も開《ひら》きます。また、人々《ひとびと》の生活《せいかつ》を安定《あんてい》させるという考《かんが》えから、大同生命保険会社《だいどうせいめいほけんがいしゃ》の創業《そうぎょう》にも関《かか》わりました。

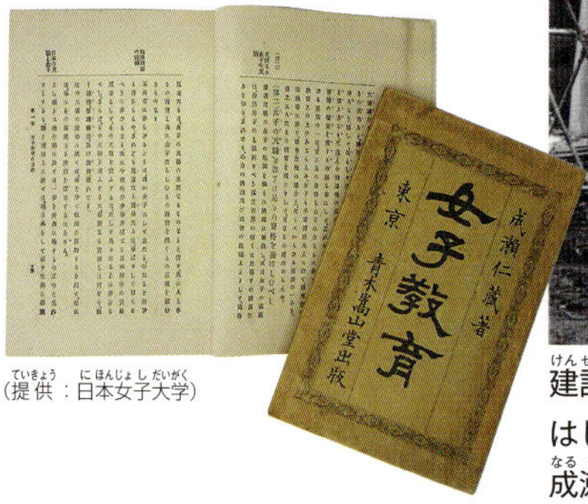

（提供《ていきょう》：日本女子大学《にほんじょしだいがく》）

（提供《ていきょう》：日本女子大学《にほんじょしだいがく》）

建設中《けんせつちゅう》の日本女子大学校《にほんじょしだいがっこう》で、創設《そうせつ》に協力《きょうりょく》した人《ひと》たちの記念写真《きねんしゃしん》。後列左《こうれつひだり》はしが成瀬《なるせ》、となりが浅子《あさこ》、前列右《ぜんれつみぎ》から２番目《ばんめ》が大隈重信《おおくましげのぶ》。左《ひだり》の写真《しゃしん》は成瀬《なるせ》が書《か》いた『女子教育《じょしきょういく》』。女子教育《じょしきょういく》の必要性《ひつようせい》や方針《ほうしん》を示《しめ》した。

広岡浅子《ひろおかあさこ》の人生《じんせい》をたどってみよう

子《こ》ども時代《じだい》　おてんば少女《しょうじょ》 大物《おおもの》の素質《そしつ》

活発《かっぱつ》な浅子《あさこ》は、すもうや木登《きのぼ》りが大好《だいす》き。飛《と》び回《まわ》るのでかみの毛《け》が乱《みだ》れ、いつも母親《ははおや》にしかられます。「かみの毛《け》があるからしかられる」と考《かんが》えた浅子《あさこ》は、結《ゆ》ったかみの毛《け》を根元《ねもと》からぶっつり切《き》ってしまい、家族《かぞく》は大《おお》さわぎ。浅子《あさこ》は平気《へいき》な顔《かお》でニコニコ笑《わら》っていました。

15歳《さい》　結婚《けっこん》し 実業界《じつぎょうかい》へ入《はい》る

大阪《おおさか》の大商人《だいしょうにん》・加島屋《かじまや》の広岡信五郎《ひろおかしんごろう》と結婚《けっこん》。ところが、夫《おっと》は商売《しょうばい》よりも茶《ちゃ》の湯《ゆ》などの芸《げい》ごとに夢中《むちゅう》になっていました。そんな夫《おっと》を見《み》て店《みせ》の将来《しょうらい》が心配《しんぱい》になった浅子《あさこ》は、そろばんやお金《かね》の出《だ》し入《い》れの計算方法《けいさんほうほう》など、経営《けいえい》に関《かん》する勉強《べんきょう》を始《はじ》めました。明治時代《めいじじだい》になると、廃藩置県《はいはんちけん》*によって加島屋《かじまや》がお金《かね》を貸《か》していた藩《はん》がなくなってしまいます。これまで勉強《べんきょう》してきたのはこの時《とき》のためと、浅子《あさこ》は取引先《とりひきさき》との難《むずか》しい交《こう》しょうも行《おこな》い、信五郎《しんごろう》やその弟《おとうと》と協力《きょうりょく》してみごと加島屋《かじまや》を立《た》て直《なお》します。

明治《めいじ》〜大正時代《たいしょうじだい》の加島屋《かじまや》。現在《げんざい》はこの場所《ばしょ》に、加島屋《かじまや》がつくった大同生命保険会社《だいどうせいめいほけんがいしゃ》の大阪本社《おおさかほんしゃ》ビルが建《た》っている。

（提供《ていきょう》：大同生命保険《だいどうせいめいほけん》）

＊廃藩置県《はいはんちけん》…明治政府《めいじせいふ》が、各地《かくち》に置《お》かれた藩《はん》をなくして、新《あら》たに県《けん》や府《ふ》に分《わ》けたこと。

35歳《さい》ごろ　九州《きゅうしゅう》で 炭鉱事業《たんこうじぎょう》に挑戦《ちょうせん》

浅子《あさこ》が買《か》い取《と》った炭鉱《たんこう》からは、なかなか石炭《せきたん》が出《で》ませんでした。炭鉱《たんこう》では、納屋頭《なやがしら》というリーダーが、石炭《せきたん》をほる炭鉱夫《たんこうふ》を束《たば》ねており、納屋頭《なやがしら》の意見《いけん》で作業《さぎょう》が止《と》まるなどの問題《もんだい》も起《お》きていました。そこで、浅子《あさこ》は自《みずか》ら炭鉱《たんこう》で働《はたら》き、問題《もんだい》が起《お》きたらすぐに解決《かいけつ》しました。しだいに納屋頭《なやがしら》や炭鉱夫《たんこうふ》たちとの信頼関係《しんらいかんけい》が生《う》まれて作業《さぎょう》が進《すす》み、数年後《すうねんご》、石炭《せきたん》が出《で》るようになったのです。

洋装姿《ようそうすがた》で炭鉱《たんこう》へ

浅子《あさこ》は、まだめずらしかった洋装《ようそう》にピストルをしのばせ、1人《ひとり》で炭鉱《たんこう》に乗《の》りこみました。当時《とうじ》は、女性《じょせい》が炭鉱《たんこう》を経営《けいえい》することも、洋装姿《ようそうすがた》で乗《の》りこむことも、想像《そうぞう》のつかないことでした。この浅子《あさこ》のおどろくべき行動力《こうどうりょく》は、その後《ご》も炭鉱《たんこう》があった村《むら》で語《かた》りつがれました。

51歳《さい》　女子教育《じょしきょういく》への 情熱《じょうねつ》が実《みの》る

女《おんな》に学問《がくもん》はいらぬという時代《じだい》に生《う》まれ、読書《どくしょ》さえ禁止《きんし》されて育《そだ》った浅子《あさこ》は、女子教育《じょしきょういく》の大切《たいせつ》さを感《かん》じていました。アメリカから帰国《きこく》した成瀬仁蔵《なるせじんぞう》に協力《きょうりょく》し、女子大学校《じょしだいがっこう》を設立《せつりつ》するため資金集《しきんあつ》めに走《はし》り回《まわ》ります。浅子《あさこ》の実家《じっか》である三井家《みついけ》、多《おお》くの会社《かいしゃ》をつくった渋沢栄一《しぶさわえいいち》（→p.24）、内閣総理大臣《ないかくそうりだいじん》の伊藤博文《いとうひろぶみ》（→p.14）や早稲田大学《わせだだいがく》をつくった大隈重信《おおくましげのぶ》など、各界《かくかい》の名《な》だたる人《ひと》たちを持《も》ち前《まえ》のねばり強《づよ》さで説得《せっとく》し、1901年《ねん》、ついに日本女子大学校《にほんじょしだいがっこう》が誕生《たんじょう》しました。

『赤毛《あかげ》のアン』の村岡花子《むらおかはなこ》と浅子《あさこ》

浅子《あさこ》が別荘《べっそう》で開《ひら》いていた勉強会《べんきょうかい》に、『赤毛《あかげ》のアン』を翻訳《ほんやく》した村岡《むらおか》花子《はなこ》も参加《さんか》していました。「自分《じぶん》のやりたいことだけでなく、社会《しゃかい》のためにできることを見《み》つけなさい」という浅子《あさこ》の言葉《ことば》に感動《かんどう》した花子《はなこ》は、多《おお》くの海外《かいがい》の物語《ものがたり》を翻訳《ほんやく》し、日本《にほん》にしょうかいしました。

勉強会《べんきょうかい》に参加《さんか》した花子《はなこ》（右《みぎ》）と浅子《あさこ》。

相馬黒光《そうまこっこう》

実業家《じつぎょうか》・随筆家《ずいひつか》 1875-1955年《ねん》／日本《にほん》（宮城出身《みやぎしゅっしん》）

独創的《どくそうてき》な味《あじ》を生《う》んだ「新宿《しんじゅく》 中村屋《なかむらや》」の創業者《そうぎょうしゃ》
芸術家《げいじゅつか》や文化人《ぶんかじん》の支《し》えんもした

> およそ商売《しょうばい》に縁《えん》の遠《とお》い私《わたくし》共《ども》がどうしてそれを思《おも》いついたか、ただ不思議《ふしぎ》と申《もう》すよりほかはないのであります。

（出典《しゅってん》：『相馬黒光《そうまこっこう》 黙移《もくい》（人間《にんげん》の記録《きろく》26）』日本図書《にほんとしょ》センター）

15歳《さい》ころの黒光《こっこう》。本名《ほんみょう》は良《りょう》といい、黒光《こっこう》はペンネーム。随筆家《ずいひつか》としても知《し》られている。

黒光《こっこう》は、まったくの思《おも》いつきでパン屋《や》を開業《かいぎょう》したわけではありません。実際《じっさい》に自分《じぶん》で毎日《まいにち》パンを食《た》べてみて、将来《しょうらい》はパン食《しょく》が広《ひろ》まり、日本《にほん》でも多《おお》くの人《ひと》がパンを食《た》べると考《かんが》えたのです。学生《がくせい》が多《おお》い大学《だいがく》の前《まえ》に店《みせ》をもてたのも運《うん》のよいことでした。

最高《さいこう》のパートナーである夫《おっと》と築《きず》いた中村屋《なかむらや》

黒光《こっこう》の家《いえ》は貧《まず》しく、生活《せいかつ》は苦《くる》しいものでした。小《しょう》学校卒業後《がっこうそつぎょうご》、裁縫学校《さいほうがっこう》へ通《かよ》いますが、学《まな》びたい気持《きも》ちと文学《ぶんがく》へのあこがれが強《つよ》く、進学《しんがく》を希望《きぼう》。家族《かぞく》の理解《りかい》もあり、東京《とうきょう》の女学校《じょがっこう》へ入学《にゅうがく》します。卒業後《そつぎょうご》、社会《しゃかい》に出《で》て働《はたら》くと思《おも》われていた黒光《こっこう》が21歳《さい》で結婚《けっこん》したので、友人《ゆうじん》たちはおどろきます。夫《おっと》・愛蔵《あいぞう》の故郷《こきょう》である長野《ながの》に住《す》みますが、旧家《きゅうか》の暮《く》らしになじめず、黒光《こっこう》は体調《たいちょう》をくずします。愛蔵《あいぞう》は、都会育《とかいそだ》ちの黒光《こっこう》のために、子《こ》どもを連《つ》れて家族《かぞく》で上京《じょうきょう》しました。

仕事《しごと》を探《さが》していた黒光《こっこう》と愛蔵《あいぞう》は、パンの将来性《しょうらいせい》に目《め》をつけます。思《おも》い切《き》って東京帝国大学《とうきょうていこくだいがく》（現在《げんざい》の東京《とうきょう》大学《だいがく》）の目《め》の前《まえ》にあったパン屋《や》「中村屋《なかむらや》」を店《みせ》ごと買《か》い取《と》りました。黒光《こっこう》のアイデアとやる気《き》で店《みせ》は売《う》り上《あ》げをのばしました。日本初《にほんはつ》のクリームパンや「純印度式《じゅんいんどしき》カリー」を発売《はつばい》し、中華《ちゅうか》まんも大人気《だいにんき》になります。

黒光《こっこう》が商売《しょうばい》を始《はじ》めた当時《とうじ》の中村屋《なかむらや》。

パンを売《う》るだけではなく、新《あたら》しいことに挑戦《ちょうせん》し続《つづ》けた黒光《こっこう》は、若《わか》い芸術家《げいじゅつか》や文化人《ぶんかじん》を支《し》えんし、社会活動《しゃかいかつどう》にも熱心《ねっしん》でした。

10代《だい》のころ

仙台《せんだい》から上京《じょうきょう》 多感《たかん》な少女《しょうじょ》

黒光《こっこう》は進学《しんがく》のために、東京《とうきょう》の親《しん》せきをたよって、仙台《せんだい》から上京《じょうきょう》します。男女《だんじょ》が平等《びょうどう》ではなかった明治時代《めいじじだい》に、黒光《こっこう》が学《まな》んだ明治女学校《めいじじょがっこう》は女子教育《じょしきょういく》に力《ちから》を注《そそ》いでいました。島崎藤村《しまざきとうそん》などの作家《さっか》たちも教《きょう》だんに立《た》ちました。黒光《こっこう》はここで、女性《じょせい》も才能《さいのう》をのばし、自由《じゆう》に生《い》きてもよいのだと学《まな》びます。黒光《こっこう》という名前《なまえ》は、きらめく才《さい》を黒《くろ》でかくしなさい、けんきょでいてちょうどよい、という意味《いみ》です。気《き》が強《つよ》く、才能《さいのう》あふれる黒光《こっこう》に、女学校《じょがっこう》の校長《こうちょう》である巖本善治《いわもとよしはる》(→p.15)がつけてくれました。

26歳《さい》

パン屋《や》を始《はじ》める 日本初《にほんはつ》のクリームパン

女学校卒業後《じょがっこうそつぎょうご》に結婚《けっこん》した黒光《こっこう》は、1901年《ねん》に夫《おっと》と2人《ふたり》でパン屋《や》を始《はじ》めます。商売《しょうばい》の経験《けいけん》はありませんでしたが、店《みせ》は大学《だいがく》のすぐ前《まえ》にあったので、学生《がくせい》によく売《う》れました。ある日《ひ》、相馬夫妻《そうまふさい》は、初《はじ》めて食《た》べたシュークリームのおいしさに感激《かんげき》し、パンの中《なか》にクリームを入《い》れて売《う》り出《だ》しました。クリームは栄養価《えいようか》が高《たか》く、洋風《ようふう》の味《あじ》が人気《にんき》になるだろうと考《かんが》えたのです。クリームパンは、たちまち評判《ひょうばん》になりました。

売《う》り出《だ》した当時《とうじ》のクリームパン。

34歳《さい》

新宿《しんじゅく》に移転《いてん》 中村屋《なかむらや》に芸術家《げいじゅつか》が集《あつ》まる

店《みせ》がきどうに乗《の》ると、黒光《こっこう》は店《みせ》をもっと大《おお》きくしたいと考《かんが》えるようになり、新宿《しんじゅく》に本店《ほんてん》を移《うつ》します。当時《とうじ》、新宿《しんじゅく》は鉄道《てつどう》の発着駅《はっちゃくえき》で、発展《はってん》の可能性《かのうせい》を感《かん》じたためです。パンだけではなく和菓子《わがし》などの販売《はんばい》も始《はじ》め、店《みせ》の売《う》り上《あ》げは順調《じゅんちょう》にのびました。関東大震災《かんとうだいしんさい》の時《とき》には、ほかの店《みせ》が商品《しょうひん》を高《たか》く販売《はんばい》するなか、中村屋《なかむらや》は安《やす》い価格《かかく》で被災者《ひさいしゃ》へパンを提供《ていきょう》し、信用《しんよう》を高《たか》めました。

中村屋《なかむらや》が新宿《しんじゅく》に移転《いてん》したころ、彫刻家《ちょうこくか》の荻原守衛《おぎはらもりえ》(碌山《ろくざん》)が新宿《しんじゅく》にアトリエを建《た》て、中村屋《なかむらや》に出入《でい》りするようになると、荻原《おぎはら》をしたって多《おお》くの芸術家《げいじゅつか》が中村屋《なかむらや》に集《あつ》まりました。

中村屋《なかむらや》のアトリエに集《あつ》まる芸術家《げいじゅつか》たちと黒光《こっこう》(前列左《ぜんれつひだり》)。

52歳《さい》

ピンチを切《き》りぬける

近所《きんじょ》に百貨店《ひゃっかてん》が進出《しんしゅつ》したことで、店《みせ》は大打《だいだ》げきを受《う》けます。このままではつぶれると思《おも》った黒光《こっこう》は、新商品《しんしょうひん》のアイデアを求《もと》めて中国《ちゅうごく》に行《い》きます。そこで、中《なか》に野菜《やさい》や肉《にく》を入《い》れた包子《パオズ》や焼《や》き菓子《がし》の月餅《げっぺい》を知《し》り、日本《にほん》に持《も》ち帰《かえ》りました。日本人《にほんじん》の口《くち》に合《あ》うように改良《かいりょう》し、「天下一品支那饅頭《てんかいっぴんしなまんじゅう》」(現在《げんざい》の中華《ちゅうか》まん)や月餅《げっぺい》を発売《はつばい》しました。

本格的《ほんかくてき》なインドカリーの誕生《たんじょう》

イギリスの植民地《しょくみんち》だった祖国《そこく》を救《すく》おうと、インドの独立運動《どくりつうんどう》に参加《さんか》したラス・ビハリ・ボースは、イギリス政府《せいふ》に追《お》われる身《み》となり日本《にほん》へにげます。ボースを中村屋《なかむらや》で助《たす》けたことがきっかけとなり、中村屋《なかむらや》のメニューに、ボースから教《おそ》わった本場《ほんば》のインドカリーが加《くわ》わりました。このころ、日本《にほん》ではイギリスから伝《つた》わったカレーが主流《しゅりゅう》だったので、スパイスをふんだんに使《つか》った「純印度式《じゅんいんどしき》カリー」はたちまち評判《ひょうばん》になりました。

「純印度式《じゅんいんどしき》カリー」のセット。

大浦慶《おおうらけい》

貿易商《ぼうえきしょう》　1828-1884年《ねん》／日本《にほん》(長崎出身《ながさきしゅっしん》)

日本茶《にほんちゃ》を輸出《ゆしゅつ》して大成功《だいせいこう》
ばく大《だい》な資金《しきん》で幕末《ばくまつ》の志士《しし》たちを支《ささ》えた

商法《しょうほう》の道《みち》に相離《あいはな》れ候様《そうろうよう》、
恐《おそ》れ乍《なが》ら私儀《わたくしぎ》は愚案《ぐあん》仕《つかまつ》り候《そうろう》

(出典《しゅってん》：本馬恭子《ほんまやすこ》 著《ちょ》・発行《はっこう》『大浦慶女伝《おおうらけいじょでん》ノート』)

まだ日本《にほん》が鎖国《さこく》をしている時代《じだい》に、いずれ外国《がいこく》との貿易《ぼうえき》が盛《さか》んになると予想《よそう》した慶《けい》。茶葉《ちゃば》を種類《しゅるい》ごとに少《すこ》しずつふくろに分《わ》けて見本《みほん》をつくるなど、女性《じょせい》らしい細《こま》やかな方法《ほうほう》で商売《しょうばい》を成功《せいこう》させた。

「(約束《やくそく》を破《やぶ》ることは、) 商法《しょうほう》の道《みち》をふみはずしているように、私《わたし》は考《かんが》えます」。これは、裁判《さいばん》に巻《ま》きこまれた慶《けい》が、無実《むじつ》をうったえた時《とき》の言葉《ことば》です。「商法《しょうほう》の道《みち》」とは、商人《しょうにん》としての生《い》き方《かた》で、約束《やくそく》を守《まも》り信用《しんよう》を得《え》なければ商売《しょうばい》は成《な》り立《た》たないと慶《けい》は考《かんが》えていました。

生《う》まれもった商才《しょうさい》と度胸《どきょう》が道《みち》をひらく

大浦家《おおうらけ》は長崎《ながさき》で油屋《あぶらや》を営《いとな》んでいました。慶《けい》が15歳《さい》の時《とき》に起《お》きた大火事《おおかじ》に巻《ま》きこまれ、大浦家《おおうらけ》も大《おお》きな被害《ひがい》にあいます。そこで、慶《けい》は新《あたら》しい商売《しょうばい》へ目《め》を向《む》けました。中国《ちゅうごく》では紅茶《こうちゃ》や中国茶《ちゅうごくちゃ》が欧米《おうべい》に輸出《ゆしゅつ》されていることを知《し》ると、日本茶《にほんちゃ》も外国人《がいこくじん》に好《この》まれると直感《ちょっかん》し、25歳《さい》の時《とき》、長崎《ながさき》に出入《でい》りしていたオランダ人商人《じんしょうにん》に茶《ちゃ》の見本《みほん》をたくします。すると3年後《ねんご》、イギリスから6トンもの日本茶《にほんちゃ》の注文《ちゅうもん》がきます。予想《よそう》を上回《うわまわ》る大量《たいりょう》の注文《ちゅうもん》に慶《けい》はおどろきますが、九州中《きゅうしゅうじゅう》からお茶《ちゃ》をかき集《あつ》めてこたえました。事業《じぎょう》が成功《せいこう》し、慶《けい》の名《な》は広《ひろ》く知《し》れわたりました。坂本龍馬《さかもとりょうま》などの幕末《ばくまつ》の志士《しし》たちに、資金《しきん》えん助《じょ》をしたともいわれています。

明治時代《めいじじだい》になると、貿易《ぼうえき》の中心《ちゅうしん》は長崎《ながさき》から横浜《よこはま》に移《うつ》ります。新《あたら》しい商売《しょうばい》を探《さが》していた慶《けい》は、たばこの商売《しょうばい》があるとだまされ、裁判《さいばん》に巻《ま》きこまれてしまいます。現在《げんざい》の金額《きんがく》で3億円以上《おくえんいじょう》の借金《しゃっきん》を負《お》った慶《けい》は、屋敷《やしき》を売《う》り、必死《ひっし》に返済《へんさい》に努《つと》め、全額返《ぜんがくかえ》したといいます。55歳《さい》で亡《な》くなる直前《ちょくぜん》、慶《けい》に明治政府《めいじせいふ》から功労賞《こうろうしょう》がおくられました。日本茶《にほんちゃ》の輸出《ゆしゅつ》に力《ちから》をつくした慶《けい》の功績《こうせき》が認《みと》められたのです。

慶《けい》とオルト商会《しょうかい》

江戸時代《えどじだい》の終《お》わりごろ、日本《にほん》では外国《がいこく》との交流《こうりゅう》が禁止《きんし》されていて、慶《けい》が暮《く》らした長崎《ながさき》にある出島《でじま》だけが外国《がいこく》との窓口《まどぐち》でした。慶《けい》が長崎《ながさき》からヨーロッパやアメリカなどへ茶《ちゃ》の見本《みほん》を送《おく》ると、イギリス人商人《じんしょうにん》のウィリアム・オルトから注文《ちゅうもん》がきました。日本《にほん》が開国《かいこく》すると、オルトは、長崎《ながさき》で茶《ちゃ》の貿易《ぼうえき》を行《おこな》うオルト商会《しょうかい》という会社《かいしゃ》をつくり、慶《けい》と協力《きょうりょく》して事業《じぎょう》を成功《せいこう》させました。

ウィリアム・オルト(1840-1908年《ねん》)。オルト商会《しょうかい》を設立《せつりつ》し、妻《つま》と4人《にん》の娘《むすめ》とともに11年間《ねんかん》日本《にほん》で暮《く》らした。九州中《きゅうしゅうじゅう》からお茶《ちゃ》を集《あつ》め、アメリカやヨーロッパへ輸出《ゆしゅつ》し多《おお》くの財産《ざいさん》を築《きず》いた。

吉本《よしもと》せい

興行師《こうぎょうし》　1889-1950年《ねん》／日本《にほん》(大阪出身《おおさかしゅっしん》)

笑《わら》いの王国《おうこく》「吉本《よしもと》」の創業者《そうぎょうしゃ》
芸人《げいにん》たちを束《たば》ねた浪花《なにわ》の女性興行師《じょせいこうぎょうし》

**芸人《げいにん》とおなじ
気持《きも》ちになって
身《み》を粉《こ》にして働《はたら》く**

(出典《しゅってん》:『物語《ものがたり》 明治《めいじ》・大正《たいしょう》を生《い》きた女《おんな》101人《にん》』「歴史読本《れきしどくほん》」編集部《へんしゅうぶ》 編《へん》　KADOKAWA)

せいは、1人《ひとり》で何人分《なんにんぶん》もの仕事《しごと》をしたといいます。客席《きゃくせき》の整理《せいり》や、どろでよごれた客《きゃく》のぞうりをふくこともあります。楽屋《がくや》へ行《い》って芸人《げいにん》の世話《せわ》をし、芸人《げいにん》のぼやきも聞《き》いてやりました。

せいが寄席《よせ》を買《か》った時《とき》、占《うらな》いで「花《はな》とさくか、月《つき》と欠《か》けるか天下《てんか》の分《わ》かれ目《め》」と出たため、ならば花《はな》も月《つき》も合《あ》わせてしまおうと、ほとんどの劇場《げきじょう》に「花月《かげつ》」の名《な》をつけた。

せいが買《か》った通天閣《つうてんかく》。タワーはパリのエッフェル塔《とう》、台座《だいざ》は凱旋門《がいせんもん》をモデルにつくられている。通天閣《つうてんかく》の周《まわ》りには劇場《げきじょう》や飲食店《いんしょくてん》などが建《た》ち並《なら》んだ。現在《げんざい》の通天閣《つうてんかく》は1956年《ねん》に建《た》てられた2代目《だいめ》。

人《ひと》を見《み》る目《め》は日本一《にほんいち》
大衆芸《たいしゅうげい》を広《ひろ》めた女《おんな》の意地《いじ》

夫《おっと》の芸好《げいず》きが高《こう》じて、せいが22歳《さい》の時《とき》に大阪《おおさか》の演芸場《えんげいじょう》「文藝館《ぶんげいかん》」を買《か》ったものの、芸人《げいにん》をよぶための金《かね》がありませんでした。そこで、それまで別々《べつべつ》の小屋《こや》でやっていた落語《らくご》や曲芸《きょくげい》などを、同《おな》じ舞台《ぶたい》で安《やす》い料金《りょうきん》で客《きゃく》に見《み》せようとせいは思《おも》いつき、これが大成功《だいせいこう》します。せいは、つぎつぎに大阪《おおさか》の寄席《よせ》とよばれる演芸場《えんげいじょう》を買《か》いました。そして、吉本興業部《よしもとこうぎょうぶ》を設立《せつりつ》します。人気《にんき》の落語家《らくごか》などを会社《かいしゃ》でやとい、月給《げっきゅう》をはらうようにしました。せいが芸人《げいにん》のために世話《せわ》を焼《や》くので、芸人《げいにん》たちも会社《かいしゃ》のために頑張《がんば》りました。

夫《おっと》が37歳《さい》の若《わか》さで亡《な》くなった後《あと》も、寄席《よせ》を守《まも》るため2人《ふたり》の弟《おとうと》と会社《かいしゃ》を支《ささ》えます。落語《らくご》に代《か》わる新《あたら》しい演芸《えんげい》を考《かんが》えていたせいは、横山《よこやま》エンタツと花菱《はなびし》アチャコという漫才師《まんざいし》に出会《であ》います。エンタツ・アチャコの漫才《まんざい》は若《わか》い観客《かんきゃく》を中心《ちゅうしん》に大人気《だいにんき》となりました。

せいはさまざまな団体《だんたい》へ寄付《きふ》をしたり、大阪《おおさか》のシンボルである通天閣《つうてんかく》を買《か》ったりしました。そして、寄席《よせ》などの娯楽《ごらく》は身分《みぶん》の低《ひく》い職業《しょくぎょう》と考《かんが》えられていた時代《じだい》に、その社会的地位《しゃかいてきちい》を確立《かくりつ》したのです。

下田歌子《しもだうたこ》

教育者《きょういくしゃ》 ●1854-1936年《ねん》／日本《にほん》（岐阜出身《ぎふしゅっしん》）

女性《じょせい》が社会《しゃかい》を変《か》える時代《じだい》が来《く》る！
100年先《ねんさき》の未来《みらい》を見《み》つめた女子教育《じょしきょういく》の改革者《かいかくしゃ》

48歳《さい》ごろの歌子《うたこ》。このころ愛国婦人会《あいこくふじんかい》の設立《せつりつ》に関《かか》わり、女性《じょせい》の就職《しゅうしょく》を助《たす》けたり、災害《さいがい》で苦《くる》しむ人《ひと》を救《すく》ったりする社会活動《しゃかいかつどう》にも、積極的《せっきょくてき》に取《と》り組《く》んだ。

> まことに
> 揺籃《ようらん》を揺《ゆる》がすの手《て》は、
> 以《もっ》て能《よ》く天下《てんか》を
> 動《うご》かすことを得《う》べし。

（出典《しゅってん》：「帝国婦人協会設立主意書《ていこくふじんきょうかいせつりつしゅいしょ》」実践女子大学《じっせんじょしだいがく》ホームページ「理念《りねん》と伝統《でんとう》」*）

「揺籃《ようらん》」とはゆりかごの意味《いみ》で、女性《じょせい》がゆりかごをゆらすその手《て》こそが、社会《しゃかい》を変《か》える力《ちから》になるという意味《いみ》です。歌子《うたこ》は、女性《じょせい》も自立《じりつ》することが必要《ひつよう》だと考《かんが》えていました。

実践女学校《じっせんじょがっこう》の校舎《こうしゃ》。歌子《うたこ》が女子教育《じょしきょういく》にたずさわった学校《がっこう》は8校以上《こういじょう》にもなる。

すべての女性《じょせい》が教育《きょういく》を受《う》け
社会《しゃかい》を担《にな》う存在《そんざい》になってほしい

宮中《きゅうちゅう》（天皇家《てんのうけ》の屋敷《やしき》）に仕《つか》えていた歌子《うたこ》は和歌《わか》の名手《めいしゅ》で、明治《めいじ》の紫式部《むらさきしきぶ》とよばれました。すぐれた才覚《さいかく》で活《かつ》やくし、政治家《せいじか》など多《おお》くの人物《じんぶつ》と知《し》り合《あ》います。

26歳《さい》で結婚《けっこん》して一度《いちど》は家庭《かてい》に入《はい》りますが、伊藤博文《いとうひろぶみ》（→p.14）などの明治政府《めいじせいふ》の役人《やくにん》が、自分《じぶん》の娘《むすめ》の教育《きょういく》を歌子《うたこ》にたのんだため、自宅《じたく》で和歌《わか》や習字《しゅうじ》、算術《さんじゅつ》などを教《おし》える桃夭学校《とうようがっこう》を開設《かいせつ》しました。桃夭学校《とうようがっこう》は評判《ひょうばん》がよく、国《くに》が上流階級《じょうりゅうかいきゅう》の女子《じょし》のための女学校《じょがっこう》をつくる時《とき》に、歌子《うたこ》に協力《きょうりょく》を求《もと》めたほどでした。

欧米《おうべい》の教育《きょういく》を学《まな》んで帰国《きこく》した歌子《うたこ》は、一般《いっぱん》の女性《じょせい》も通《かよ》える実践女学校《じっせんじょがっこう》（現在《げんざい》の実践女子大学《じっせんじょしだいがく》）、手《て》に職《しょく》をつけるための勉強《べんきょう》をする女子工芸学校《じょしこうげいがっこう》、働《はたら》く女性《じょせい》のための愛国夜間女学校《あいこくやかんじょがっこう》などを設立《せつりつ》。いずれも授業料《じゅぎょうりょう》を安《やす》くし、多《おお》くの女子《じょし》が学《まな》べるようにしました。46歳《さい》の時《とき》、奥村五百子《おくむらいおこ》（→p.35）が設立《せつりつ》した愛国婦人会《あいこくふじんかい》にも参加《さんか》し、保育所《ほいくじょ》や職業《しょくぎょう》しょうかい所《じょ》を開《ひら》くなど、女性《じょせい》の生活改善《せいかつかいぜん》と働《はたら》く環境《かんきょう》づくりをしました。

*https://www.jissen.ac.jp/idea_and_tradition/index.html

下田歌子《しもだうたこ》の人生《じんせい》をたどってみよう

17歳《さい》 岐阜《ぎふ》から東京《とうきょう》へ

歌子《うたこ》の祖父《そふ》や父《ちち》は学者《がくしゃ》でした。父《ちち》は幕末《ばくまつ》の混乱《こんらん》に巻《ま》きこまれて役職《やくしょく》を失《うしな》い、家族《かぞく》は苦《くる》しい生活《せいかつ》を送《おく》りますが、祖母《そぼ》と母《はは》は歌子《うたこ》を厳《きび》しくも愛情《あいじょう》をもって育《そだ》てました。明治時代《めいじじだい》になると、父《ちち》が政府《せいふ》で働《はたら》くようになり、歌子《うたこ》は家族《かぞく》とともに上京《じょうきょう》し、宮中《きゅうちゅう》に仕《つか》える歌人《かじん》に和歌《わか》を学《まな》びます。勉強《べんきょう》に熱中《ねっちゅう》して身《み》なりを気《き》にしない歌子《うたこ》に、祖父《そふ》は白粉《おしろい》を買《か》いあたえ、「勉強《べんきょう》もよいが女性《じょせい》らしい美《うつく》しさも失《うしな》わないように」と手紙《てがみ》を送《おく》りました。

歌子《うたこ》の勉強部屋《べんきょうべや》

歌子《うたこ》の生《う》まれ故郷《こきょう》には、歌子《うたこ》が勉強《べんきょう》した部屋《へや》が再現《さいげん》されています。江戸時代《えどじだい》、女子《じょし》は学校《がっこう》へ通《かよ》えなかったため、歌子《うたこ》は祖母《そぼ》から読《よ》み書《か》きを習《なら》いました。5歳《さい》で和歌《わか》をよみ、8歳《さい》で漢学《かんがく》を学《まな》んだといいます。

岐阜県恵那市《ぎふけんえなし》にある下田歌子勉学所《しもだうたこべんがくしょ》。

18歳《さい》 宮中《きゅうちゅう》に入《はい》り 歌子《うたこ》の名《な》をもらう

和歌《わか》の先生《せんせい》のしょうかいで宮中《きゅうちゅう》に勤《つと》め始《はじ》めます。歌子《うたこ》の和歌《わか》に感動《かんどう》した皇后《こうごう》に気《き》に入《い》られ、歌《うた》の相手《あいて》や学校《がっこう》の視察《しさつ》に同行《どうこう》するまでになります。歌子《うたこ》の才能《さいのう》をねたむ人《ひと》もいて、つらい思《おも》いもしましたが、心《こころ》を強《つよ》くもって仕事《しごと》をしていきます。さまざまな場所《ばしょ》で出会《であ》う人《ひと》たちとのつながりや、宮中《きゅうちゅう》での経験《けいけん》が、女子教育《じょしきょういく》に力《ちから》を注《そそ》ぐ歌子《うたこ》の基《き》ばんとなりました。

もとは鉐《せき》という名《な》でしたが、皇后《こうごう》が「歌子《うたこ》」という名《な》を授《さず》けました。

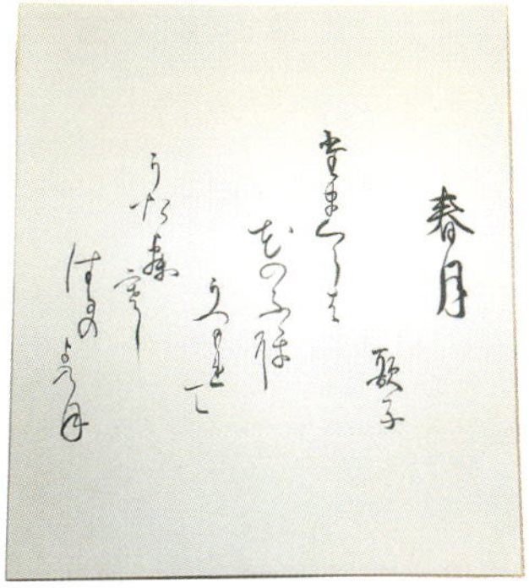

「春月《しゅんげつ》」という題《だい》で、歌子《うたこ》が宮中《きゅうちゅう》でよんだ和歌《わか》「手枕《たまくら》は花《はな》のふぶきに埋《うず》もれて うたたねさむし 春《はる》の夜《よ》の月《つき》」。

31歳《さい》 女子教育《じょしきょういく》への道《みち》を開《ひら》く

1885年《ねん》に上流階級《じょうりゅうかいきゅう》の女子教育《じょしきょういく》のための華族女学校《かぞくじょがっこう》（現在《げんざい》の学習院女子《がくしゅういんじょし》中《ちゅう》・高等科《こうとうか》）が設立《せつりつ》され、政府《せいふ》が歌子《うたこ》へ協力《きょうりょく》をたのみます。歌子《うたこ》は、教育界《きょういくかい》になくてはならない存在《そんざい》になっていたのです。歌子《うたこ》は、学校設立《がっこうせつりつ》の準備《じゅんび》から関《かか》わり、華族女学校《かぞくじょがっこう》が廃止《はいし》されるまで約《やく》20年間《ねんかん》、学校《がっこう》の運営《うんえい》と生徒《せいと》の教育《きょういく》にあたりました。

39歳《さい》 ヨーロッパへ 2年間《ねんかん》の留学《りゅうがく》

歌子《うたこ》は明治天皇《めいじてんのう》の皇女《こうじょ》*の教育係《きょういくがかり》に任命《にんめい》され、新時代《しんじだい》の女子教育法《じょしきょういくほう》を学《まな》ぶために、ヨーロッパへわたります。欧米《おうべい》では、上流階級《じょうりゅうかいきゅう》だけではなく一般《いっぱん》の女性《じょせい》も平等《びょうどう》に教育《きょういく》を受《う》けていること、男女《だんじょ》が同《おな》じ内容《ないよう》の教育《きょういく》を受《う》けていることなど、おどろくことばかりでした。とくに、社会《しゃかい》に出《で》た時《とき》に広《ひろ》く適応《てきおう》できることを目指《めざ》す実践的《じっせんてき》な教育方針《きょういくほうしん》は、これからの日本《にほん》に必要《ひつよう》であると感《かん》じます。歌子《うたこ》は帰国《きこく》すると、一般家庭《いっぱんかてい》の女子《じょし》の教育《きょういく》に力《ちから》を注《そそ》ぎ、1899年《ねん》に実践女学校《じっせんじょがっこう》を創立《そうりつ》しました。

薙刀《なぎなた》の授業《じゅぎょう》のようす。当時《とうじ》の女学校《じょがっこう》にはあまりなかった体育《たいいく》の授業《じゅぎょう》を取《と》り入《い》れた。

*皇女《こうじょ》…天皇《てんのう》の娘《むすめ》。

津《つ》田《だ》梅《うめ》子《こ》

教育者《きょういくしゃ》 ●1864-1929年《ねん》／日本《にほん》（東京出身《とうきょうしゅっしん》）

日本初《にほんはつ》の女子留学生《じょしりゅうがくせい》で津田塾大学《つだじゅくだいがく》の創立者《そうりつしゃ》
女性《じょせい》の社会的地位向上《しゃかいてきちいこうじょう》を目指《めざ》す

女子英学塾《じょしえいがくじゅく》を開校《かいこう》したころの梅子《うめこ》。

先生《せんせい》をするのであれ、
主婦《しゅふ》になるのであれ、
どのような方面《ほうめん》の
仕事《しごと》をするのであれ、
高尚《こうしょう》な生活《せいかつ》を送《おく》るように
努力《どりょく》してください。

（出典《しゅってん》：亀田帛子《かめだきぬこ》『津田梅子《つだうめこ》 ひとりの名教師《めいきょうし》の軌跡《きせき》』双文社出版《そうぶんしゃしゅっぱん》）

どのような立場《たちば》でも向上心《こうじょうしん》をもち続《つづ》け、女性《じょせい》として品格《ひんかく》あるふるまいをすることが、梅子《うめこ》の理想《りそう》とする日本女性《にほんじょせい》の姿《すがた》です。言葉《ことば》づかいや礼儀作法《れいぎさほう》などで世間《せけん》から評価《ひょうか》を下《さ》げられないよう、学問《がくもん》だけではなく日常生活《にちじょうせいかつ》の指導《しどう》も行《おこな》いました。

自立《じりつ》した女性《じょせい》を育《そだ》てるために
女子教育《じょしきょういく》に一生《いっしょう》をささげた

わずか6歳《さい》で留学《りゅうがく》してから11年間《ねんかん》をアメリカですごした梅子《うめこ》は、17歳《さい》で帰国《きこく》して、アメリカと日本《にほん》の女性《じょせい》の社会的《しゃかいてき》な立場《たちば》のちがいにおどろきます。当時《とうじ》の日本《にほん》には、女性《じょせい》がきちんと学《まな》べる学校《がっこう》はほとんどなく、職業《しょくぎょう》もなかったのです。そこで、女性《じょせい》のための学校《がっこう》をつくりたいと、梅子《うめこ》は強《つよ》く思《おも》うようになりました。

もっと学問《がくもん》を深《ふか》めたいと思《おも》った梅子《うめこ》は、再《ふたた》びアメリカへ留学《りゅうがく》。大学《だいがく》で3年間《ねんかん》学《まな》び、日本《にほん》の女性《じょせい》を育《そだ》てるという夢《ゆめ》をかなえるため帰国《きこく》します。

1900年《ねん》、ついに梅子《うめこ》の理想《りそう》の学校《がっこう》である女子英学塾《じょしえいがくじゅく》（現在《げんざい》の津田塾大学《つだじゅくだいがく》）を開校《かいこう》します。英語《えいご》の学習《がくしゅう》だけではなく、女性《じょせい》として立派《りっぱ》な人間《にんげん》になれるよう、マナーなども厳《きび》しく指導《しどう》しました。

女子英学塾《じょしえいがくじゅく》の最初《さいしょ》の校舎《こうしゃ》。麹町区一番町《こうじまちくいちばんちょう》（現在《げんざい》の東京都千代田区《とうきょうとちよだく》）にあった。

5人《にん》の女子留学生《じょしりゅうがくせい》がアメリカで初《はじ》めて洋装《ようそう》をした写真《しゃしん》。左《ひだり》から永井繁子《ながいしげこ》、上田貞子《うえだていこ》、吉益亮子《よしますりょうこ》、梅子《うめこ》、山川捨松《やまかわすてまつ》。貞子《ていこ》と亮子《りょうこ》はアメリカの生活《せいかつ》になじめず、すぐに帰国《きこく》した。

アメリカの育《そだ》ての親《おや》

アメリカでは、日本弁務使館《にほんべんむしかん》で働《はたら》いていたチャールズ・ランマンのもとにあずけられました。子《こ》どものいなかったランマン夫妻《ふさい》は、梅子《うめこ》を本当《ほんとう》の娘《むすめ》のようにかわいがり、帰国《きこく》するまで梅子《うめこ》の親代《おやが》わりとなりました。帰国後《きこくご》も、手紙《てがみ》のやりとりは続《つづ》きました。

17歳《さい》 帰国後《きこくご》のなやみ

アメリカから帰国《きこく》した梅子《うめこ》は、日本女性《にほんじょせい》の地位《ちい》の低《ひく》さにおどろきます。家《いえ》の外《そと》との接点《せってん》がほとんどなく、夫《おっと》に従《したが》うばかりの日本《にほん》の女性《じょせい》たちを見《み》て、自立《じりつ》した女性《じょせい》が活《かつ》やくできる社会《しゃかい》をつくりたいという思《おも》いがつのります。

また、国《くに》のお金《かね》で留学《りゅうがく》をしたのに、その経験《けいけん》を生《い》かせる仕事《しごと》がないことに不安《ふあん》とあせりを覚《おぼ》えました。日本《にほん》には、女性《じょせい》が知識《ちしき》を生《い》かして働《はたら》ける場所《ばしょ》がなかったのです。

6歳《さい》 アメリカへわたる

明治時代《めいじじだい》になり、すぐれた人材《じんざい》を育《そだ》てるためには、母親《ははおや》の教養《きょうよう》を高《たか》める必要《ひつよう》があると日本政府《にほんせいふ》は考《かんが》えます。そこで、外国《がいこく》の文化《ぶんか》を学《まな》ばせるために5人《にん》の女《おんな》の子《こ》をアメリカへ送《おく》りました。梅子《うめこ》はそのなかの1人《ひとり》です。

アメリカへわたった梅子《うめこ》は、たったの1年《ねん》で文章《ぶんしょう》が書《か》けるほど英語《えいご》が上達《じょうたつ》し、3年後《ねんご》には長《なが》い英語《えいご》の詩《し》を完《かん》ぺきに暗唱《あんしょう》して周囲《しゅうい》をおどろかせました。

教育熱心《きょういくねっしん》な父《ちち》、西洋農法《せいようのうほう》を日本《にほん》に伝《つた》えた

津田《つだ》 仙《せん》

(1837-1908年《ねん》)

農学者《のうがくしゃ》として活《かつ》やくし、社会環境問題《しゃかいかんきょうもんだい》にも取《と》り組《く》みました。初《はじ》めてアメリカを訪《おとず》れた時《とき》、武士《ぶし》の象《しょう》ちょうであるまげを切《き》り落《お》とすなど、ごう快《かい》な性格《せいかく》でした。教育《きょういく》にも力《ちから》を注《そそ》ぎ、青山学院《あおやまがくいん》などの創立《そうりつ》に関《かか》わっています。

明治時代《めいじじだい》の女子教育《じょしきょういく》

明治《めいじ》の初《はじ》めごろ、小学校《しょうがっこう》が義務教育《ぎむきょういく》となりますが、家業《かぎょう》や家事《かじ》の手伝《てつだ》いのため、通《かよ》えない子《こ》どもも多《おお》くいました。小学校《しょうがっこう》を卒業《そつぎょう》しても、進学《しんがく》する人《ひと》はほんのひとにぎりだったのです。また、女性《じょせい》が専門的《せんもんてき》な知識《ちしき》を学《まな》ぶ高等教育《こうとうきょういく》を受《う》ける場《ば》は、教師《きょうし》を養成《ようせい》する高等師範学校《こうとうしはんがっこう》のほかはほとんどありませんでした。

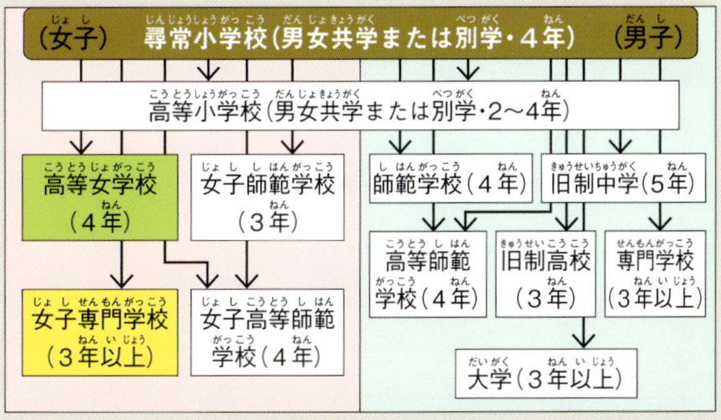

1900年《ねん》ごろのおもな学校制度《がっこうせいど》。高等女学校《こうとうじょがっこう》では作法中心《さほうちゅうしん》の授業《じゅぎょう》が行《おこな》われた。女子英学塾《じょしえいがくじゅく》は私塾《しじゅく》として開校《かいこう》し、1903年《ねん》に専門学校令《せんもんがっこうれい》が出《だ》されると、翌年《よくねん》に専門学校《せんもんがっこう》の認可《にんか》を受《う》けた。

19歳《さい》 伊藤博文《いとうひろぶみ》のしょうかいで教師《きょうし》に

帰国《きこく》して1年《ねん》たったころ、梅子《うめこ》は伊藤博文《いとうひろぶみ》の妻《つま》と娘《むすめ》の英語教師《えいごきょうし》として、伊藤家《いとうけ》に住《す》みこみを始《はじ》めました。伊藤《いとう》とは、留学《りゅうがく》の時《とき》、アメリカへ向《む》かう船《ふね》で面倒《めんどう》を見《み》てもらって以来《いらい》の再会《さいかい》でした。その後《ご》、伊藤《いとう》のしょうかいで、下田歌子《しもだうたこ》(→p.10)がつくった桃夭学校《とうようがっこう》や華族《かぞく》女学校《じょがっこう》で英語《えいご》を教《おし》えることになります。長年《ながねん》のアメリカ生活《せいかつ》で日本語《にほんご》を忘《わす》れてしまった梅子《うめこ》は、歌子《うたこ》から日《に》本語《ほんご》や習字《しゅうじ》を学《まな》びました。

24歳《さい》 再《ふたた》び留学《りゅうがく》

1度目《どめ》の留学《りゅうがく》で中等教育《ちゅうとうきょういく》までしか受《う》けられなかった梅子《うめこ》は、高等教育《こうとうきょういく》を受《う》けて、より学問《がくもん》を深《ふか》めるために再《ふたた》び留学《りゅうがく》することを決意《けつい》。アメリカの知人《ちじん》の協力《きょうりょく》により、ブリンマー大学《だいがく》に授業料《じゅぎょうりょう》なしで入学《にゅうがく》することになりました。留学中《りゅうがくちゅう》、自《みずか》ら資金《しきん》を集《あつ》め、日本女性《にほんじょせい》がアメリカへ留学《りゅうがく》するための奨学金制度《しょうがくきんせいど》をつくりました。

ブリンマー大学《だいがく》に入学《にゅうがく》したころの梅子《うめこ》。3年間《ねんかん》アメリカで学《まな》んだ。

初代内閣総理大臣《しょだいないかくそうりだいじん》

伊藤博文《いとうひろぶみ》

(1841-1909年《ねん》)

外国《がいこく》の憲法《けんぽう》を学《まな》ぶためヨーロッパを回《まわ》り、帰国後《きこくご》は大日本帝国《だいにほんていこく》憲法《けんぽう》の立案《りつあん》にたずさわり、初代《しょだい》内閣総理大臣《ないかくそうりだいじん》を務《つと》めました。東《とう》京女学館《きょうじょがくかん》をつくるなど、女子教《じょしきょう》育《いく》に積極的《せっきょくてき》に取《と》り組《く》みました。

西洋文化《せいようぶんか》の先生《せんせい》

明治時代《めいじじだい》、日本《にほん》に西洋文化《せいようぶんか》が急速《きゅうそく》に広《ひろ》がりました。外国《がいこく》へ行《い》ったことのある人《ひと》は少《すく》なかったので、本物《ほんもの》の西洋《せいよう》マナーや洋装《ようそう》の着方《きかた》を知《し》る梅子《うめこ》が、上流階級《じょうりゅうかいきゅう》の婦人《ふじん》に教《おし》えることもありました。国際社交場《こくさいしゃこうば》である鹿鳴館《ろくめいかん》では、軍人《ぐんじん》の大山巌《おおやまいわお》と結婚《けっこん》した捨松《すてまつ》が、堂々《どうどう》としたふるまいと流《りゅう》ちょうな英語《えいご》で外国《がいこく》の人々《ひとびと》と交流《こうりゅう》したため、「鹿鳴館《ろくめいかん》の花《はな》」とよばれました。

カエルの卵《たまご》の研究《けんきゅう》

大学《だいがく》では生物学《せいぶつがく》に興味《きょうみ》をいだき、カエルの卵《たまご》の研究《けんきゅう》をします。成績優《せいせきゆう》しゅうで、アメリカに残《のこ》って研究《けんきゅう》を続《つづ》けるよう、すすめられるほどだったといいます。梅子《うめこ》が研究《けんきゅう》を手伝《てつだ》っていたトーマス・ハント・モーガン教授《きょうじゅ》は、後《のち》に遺伝子《いでんし》の研究《けんきゅう》でノーベル生理学《せいりがく》・医学賞《いがくしょう》を受賞《じゅしょう》しています。

35歳《さい》 ついに理想《りそう》の学校《がっこう》を開《ひら》く

27歳《さい》で２度目《どめ》の留学《りゅうがく》を終《お》えて帰国《きこく》すると、女性《じょせい》のための学校設立《がっこうせつりつ》に向《む》けて動《うご》き出《だ》します。資金《しきん》を集《あつ》めるため、アメリカの友人《ゆうじん》に手紙《てがみ》を書《か》き、寄付《きふ》をつのりました。そして、35歳《さい》でようやく「女子英学塾《じょしえいがくじゅく》」を開校《かいこう》します。わずか10人《にん》の塾生《じゅくせい》から始《はじ》まりました。少人数《しょうにんずう》のクラスというのは梅子《うめこ》の教育方針《きょういくほうしん》で、一人《ひとり》ひとりの学力《がくりょく》に合《あ》わせた授業《じゅぎょう》を行《おこな》いました。

開校《かいこう》を助《たす》けた人々《ひとびと》

梅子《うめこ》は政府《せいふ》の力《ちから》を借《か》りず、さまざまな友人《ゆうじん》の協力《きょうりょく》によって学校《がっこう》をつくります。ともに留学《りゅうがく》した繁子《しげこ》や捨松《すてまつ》も資金《しきん》のえん助《じょ》などをしました。教師《きょうし》を引《ひ》き受《う》けたアリス・ベーコンは、捨松《すてまつ》が留学中《りゅうがくちゅう》にすごした家《いえ》の娘《むすめ》で、梅子《うめこ》と捨松《すてまつ》の親友《しんゆう》です。梅子《うめこ》が2度目《どめ》の留学中《りゅうがくちゅう》に出会《であ》ったアナ・ハーツホンは、40年近《ねんちか》くにわたり梅子《うめこ》と英学塾《えいがくじゅく》を支《ささ》えました。

左《ひだり》から梅子《うめこ》、アリス・ベーコン、瓜生《うりゅう》（永井《ながい》）繁子《しげこ》、大山《おおやま》（山川《やまかわ》）捨松《すてまつ》。

ヘレン・ケラーやナイチンゲールとの出会《であ》い

1898年《ねん》、梅子《うめこ》は女性問《じょせいもん》題《だい》について話《はな》し合《あ》う会《かい》合《ごう》に、日本代表《にほんだいひょう》として参加《さんか》するため、アメリカやイギリスを訪《おとず》れます。その時《とき》、ヘレン・ケラー(→p.25)や看護教育《かんごきょういく》に力《ちから》を注《そそ》いだフローレンス・ナイチンゲールを訪《たず》ねました。日本女性《にほんじょせい》の未《み》来《らい》について語《かた》り合《あ》い、自分《じぶん》の目指《めざ》す教育《きょういく》にまちがいはないと、梅子《うめこ》は背中《せなか》をおされます。

ナイチンゲールにもらった花《はな》。おし花《ばな》にして大切《たいせつ》に持《も》っていた。

梅子《うめこ》の熱心《ねっしん》な指導《しどう》

英語《えいご》が正《ただ》しく発音《はつおん》できるまで何度《なんど》も復唱《ふくしょう》させるなど、梅子《うめこ》の指導《しどう》はたいへん厳《きび》しく、卒業《そつぎょう》までにやめてしまう生徒《せいと》も多《おお》くいました。しかし、きちんとした教育《きょういく》のおかげで、英学塾《えいがくじゅく》で学《まな》んだ生徒《せいと》の英語《えいご》はすばらしいと、すぐに評判《ひょうばん》になります。開校《かいこう》から5年後《ねんご》には、英学塾《えいがくじゅく》を卒業《そつぎょう》した者《もの》は試験《しけん》を受《う》けなくても英語《えいご》教師《きょうし》の資格《しかく》がもらえるほどになりました。

梅子《うめこ》の父《ちち》の教《おし》え子《ご》で、明治女学校《めいじじょがっこう》の校長《こうちょう》をしていた巌本善治《いわもとよしはる》（→p.7）による道徳《どうとく》の講義《こうぎ》など、梅子《うめこ》の友人《ゆうじん》が教《きょう》だんに立《た》つこともありました。

女子英学塾《じょしえいがくじゅく》の教《きょう》だんに立《た》つ梅子《うめこ》（中央《ちゅうおう》）。

黒澤《くろさわ》止幾《とき》

教育者《きょういくしゃ》　●1806-1890年《ねん》／日本《にほん》（茨城出身《いばらきしゅっしん》）

学制《がくせい》公布《こうふ》後《ご》初《はつ》の女性小学校教師《じょせいしょうがっこうきょうし》
83歳《さい》で亡《な》くなるまで教《おし》え続《つづ》けた

晩年《ばんねん》の止幾《とき》。高齢《こうれい》のため1年《ねん》で小学校教師《しょうがっこうきょうし》を辞《や》めるが、その後《ご》も寺子屋《てらこや》を続《つづ》け、多《おお》くの子《こ》どもたちが止幾《とき》のもとに集《あつ》まった。

よろづ代《よ》を　照《て》らす光《ひかり》の　ます鏡《かがみ》
さやかにうつす　しずが真心《まごころ》

（参考《さんこう》：齋木久美《さいきくみ》『黒澤止幾子《くろさわときこ》の肖像写真《しょうぞうしゃしん》の和歌《わか》に関《かん》する一考察《いちこうさつ》』茨城大学教育学部《いばらきだいがくきょういくがくぶ》）

1858年《ねん》、幕府《ばくふ》に反発《はんぱつ》した武士《ぶし》たちが一斉《いっせい》に処分《しょぶん》を受《う》ける事件《じけん》が起《お》こりました。この処分《しょぶん》に疑問《ぎもん》をもった止幾《とき》は、朝廷《ちょうてい》へ手紙《てがみ》を送《おく》ります。手紙《てがみ》は長歌《ちょうか》という和歌《わか》で書《か》かれ、真実《しんじつ》をうったえる気持《きも》ちを歌《うた》っています。

豊《ゆた》かな教養《きょうよう》と知識《ちしき》をもつ熱血先生《ねっけつせんせい》

止幾《とき》は、寺子屋《てらこや》の先生《せんせい》をしていた祖父《そふ》から教育《きょういく》を受《う》けました。20代《だい》で夫《おっと》と死別《しべつ》すると、くしやかんざしを売《う》り歩《ある》く仕事《しごと》をしながら和歌《わか》や俳句《はいく》を学《まな》び、47歳《さい》で実家《じっか》の寺子屋《てらこや》をついで読《よ》み書《か》きなどを教《おし》えます。52歳《さい》の時《とき》、朝廷《ちょうてい》へ真実《しんじつ》をうったえる手紙《てがみ》を届《とど》けるため1人《ひとり》で京都《きょうと》へ向《む》かいます。手紙《てがみ》を朝廷《ちょうてい》に仕《つか》える者《もの》にわたしますが、大阪《おおさか》で幕府《ばくふ》につかまってしまいました。その後《ご》、ひそかに実家《じっか》へもどった止幾《とき》は寺子屋《てらこや》を再開《さいかい》させます。朝廷《ちょうてい》へ手紙《てがみ》を届《とど》けようとした行動《こうどう》がすばらしいと、止幾《とき》のもとには教《おし》えを求《もと》める人《ひと》が集《あつ》まりました。1872年《ねん》に新《あたら》しい学校制度《がっこうせいど》に変《か》わると、止幾《とき》は教師《きょうし》に任命《にんめい》されて日本初《にほんはつ》の女性小学校教師《じょせいしょうがっこうきょうし》になります。

矢嶋《やじま》楫子《かじこ》

教育者《きょういくしゃ》・社会事業家《しゃかいじぎょうか》　●1833-1925年《ねん》／日本《にほん》（熊本出身《くまもとしゅっしん》）

40歳《さい》で教員免許《きょういんめんきょ》を取得《しゅとく》
女性解放運動《じょせいかいほううんどう》や社会改良事業《しゃかいかいりょうじぎょう》で活《かつ》やく

楫子《かじこ》が校長《こうちょう》を務《つと》めた女子学院《じょしがくいん》には、当時校則《とうじこうそく》がなかった。「あなたがたは聖書《せいしょ》を持《も》っています。だから自分《じぶん》で自分《じぶん》を治《おさ》めなさい」と楫子《かじこ》は言《い》った。

多《おお》くの大船《おおぶね》を動《うご》かすは、それは楫《かじ》である

（出典《しゅってん》：『矢嶋楫子伝《やじまかじこでん》』大空社《おおぞらしゃ》）

女性《じょせい》から離婚《りこん》を言《い》い出《だ》すことは考《かんが》えられなかった時代《じだい》、楫子《かじこ》は自《みずか》ら夫《おっと》のもとを去《さ》りました。過去《かこ》の生活《せいかつ》を捨《す》てるため、名前《なまえ》をかつから楫子《かじこ》へ変《か》えます。自分《じぶん》でかじを切《き》って生《い》きたいという思《おも》いがこめられています。

人生《じんせい》はやり直《なお》せる、強《つよ》い信念《しんねん》で社会《しゃかい》にいどむ

楫子《かじこ》は酒乱《しゅらん》の夫《おっと》に愛想《あいそ》をつかし、35歳《さい》の時《とき》に離婚《りこん》。子《こ》どもと実家《じっか》にもどりますが、やっかい者《もの》あつかいされます。上京《じょうきょう》した兄《あに》の看病《かんびょう》のため東京《とうきょう》へ行《い》くと、教員免許《きょういんめんきょ》をとりました。この時《とき》すでに40歳《さい》でした。キリスト教《きょう》の精神《せいしん》に基《もと》づいた学校《がっこう》である新栄女学校《しんさかえじょがっこう》で教師《きょうし》を始《はじ》めた楫子《かじこ》は、間《ま》もなくキリスト教徒《きょうと》になりました。その後《ご》、新栄女学校《しんさかえじょがっこう》は桜井女学校《さくらいじょがっこう》と合併《がっぺい》して、女子学院《じょしがくいん》と名称《めいしょう》を変《か》え、楫子《かじこ》が校長《こうちょう》に就任《しゅうにん》。禁酒《きんしゅ》と女性《じょせい》の地位向上《ちいこうじょう》を目指《めざ》す「日本《にほん》キリスト教婦人矯風会《きょうふじんきょうふうかい》」の会長《かいちょう》も務《つと》め、貧《まず》しいなどの理由《りゆう》から身売《みう》りをする女性《じょせい》をなくそう、一夫一婦制《いっぷいっぷせい》にしようという運動《うんどう》を展開《てんかい》します。

教育者《きょういくしゃ》

跡見花蹊《あとみかけい》

1840-1926年《ねん》／日本《にほん》(大阪出身《おおさかしゅっしん》)

日本《にほん》の伝統《でんとう》と西洋文化《せいようぶんか》をかけ合《あ》わせた教育《きょういく》
新時代《しんじだい》の女子教育《じょしきょういく》の先頭《せんとう》に立《た》つ

花蹊《かけい》は、宮廷《きゅうてい》に仕《つか》える女官《じょかん》の教育《きょういく》も行《おこな》った。画家《がか》であり書家《しょか》としても有名《ゆうめい》。

新時代《しんじだい》に後《おく》れをとらぬ女子《じょし》の教育《きょういく》こそ、教育家《きょういくか》として努力《どりょく》すべき道《みち》である

(出典《しゅってん》：跡見学園《あとみがくえん》ホームページ「跡見学園《あとみがくえん》の歩《あゆ》み 学祖《がくそ》・跡見花蹊《あとみかけい》」*)

時代《じだい》は江戸《えど》から明治《めいじ》となり、花蹊《かけい》は女子教育《じょしきょういく》の必要性《ひつようせい》を強《つよ》く感《かん》じます。学問《がくもん》を求《もと》めるものは広《ひろ》く受《う》け入《い》れたため、学園《がくえん》を開《ひら》いた時《とき》には80人以上《にんいじょう》の入学者《にゅうがくしゃ》が集《あつ》まりました。

厳《きび》しい反面《はんめん》、ユーモアと慈愛《じあい》に満《み》ちた教育者《きょういくしゃ》

貧《まず》しい家《いえ》に育《そだ》った花蹊《かけい》ですが、学《まな》びたい気持《きも》ちが強《つよ》く、扇《おうぎ》の絵付《えつ》けをして自分《じぶん》で学費《がくひ》をかせぎ、絵画《かいが》や書《しょ》などを京都《きょうと》で学《まな》びます。

19歳《さい》で実家《じっか》の私塾《しじゅく》をついだ花蹊《かけい》は、国《くに》の中心《ちゅうしん》で学校《がっこう》を開《ひら》きたいと考《かんが》え、東京《とうきょう》に移《うつ》り住《す》みます。1875年《ねん》、跡見学校《あとみがっこう》（現在《げんざい》の跡見学園《あとみがくえん》）を東京につくると、上流階級《じょうりゅうかいきゅう》の娘《むすめ》たちが多《おお》く集《あつ》まりました。裁縫《さいほう》や絵画《かいが》などに力《ちから》を入《い》れる一方《いっぽう》、英語《えいご》の教師《きょうし》にはアメリカ人《じん》を招《まね》き、生徒《せいと》が寄宿舎《きしゅくしゃ》で家族《かぞく》のように生活《せいかつ》を送《おく》るなど、独自《どくじ》の教育方針《きょういくほうしん》が評判《ひょうばん》となります。

＊http://www.atomi.ac.jp/progress/atomikakei/

教育者《きょういくしゃ》

石井筆子《いしいふでこ》

1861-1944年《ねん》／日本《にほん》(長崎出身《ながさきしゅっしん》)

女子教育《じょしきょういく》の発展《はってん》につくし
知的障害児教育《ちてきしょうがいじきょういく》のいしずえを築《きず》いた

筆子《ふでこ》が37歳《さい》の時《とき》、華族女学校《かぞくじょがっこう》でいっしょに働《はたら》いていた津田梅子《つだうめこ》（→p.12）とともに、アメリカで行《おこな》われた女性問題《じょせいもんだい》を話《はな》し合《あ》う会合《かいごう》に、日本代表《にほんだいひょう》として出席《しゅっせき》した。

日本《にほん》の娘《むすめ》たちも西洋《せいよう》の娘《むすめ》たちと同様《どうよう》に、自分《じぶん》のことは自分《じぶん》で決《き》める権利《けんり》が与《あた》えられても当然《とうぜん》

(出典《しゅってん》：長島要一《ながしまよういち》『明治《めいじ》の国際人《こくさいじん》 石井筆子《いしいふでこ》』新評論《しんひょうろん》)

親《おや》が決《き》めた相手《あいて》と婚約《こんやく》させられたことに納得《なっとく》できなかった筆子《ふでこ》は、ヨーロッパの女性《じょせい》のように、日本女性《にほんじょせい》も一生《いっしょう》に関《かか》わる大切《たいせつ》なことは、自分《じぶん》で決《き》める権利《けんり》があるはずだと強《つよ》く感《かん》じました。

自分《じぶん》で決断《けつだん》していく人生《じんせい》に後悔《こうかい》はない

女学校《じょがっこう》で英語《えいご》の教育《きょういく》を受《う》けた筆子《ふでこ》は、19歳《さい》の時《とき》にヨーロッパへ留学《りゅうがく》し、帰国後《きこくご》は華族女学校《かぞくじょがっこう》のフランス語教師《ごきょうし》になりました。貧《まず》しい女性《じょせい》のために、無料《むりょう》で職業教育《しょくぎょうきょういく》が受《う》けられる学校《がっこう》をつくる活動《かつどう》なども行《おこな》います。一方《いっぽう》で次女《じじょ》と三女《さんじょ》、夫《おっと》が亡《な》くなる不幸《ふこう》な出来事《できごと》もありました。

知的障害児教育《ちてきしょうがいじきょういく》を行《おこな》う滝乃川学園《たきのがわがくえん》に、障害《しょうがい》のある長女《ちょうじょ》を預《あず》けたことがきっかけで、学園《がくえん》の創立者《そうりつしゃ》・石井亮一《いしいりょういち》と再婚《さいこん》。筆子《ふでこ》は障害児教育《しょうがいじきょういく》に力《ちから》を入《い》れ始《はじ》めました。英語《えいご》などの一般教養《いっぱんきょうよう》に加《くわ》え、自立《じりつ》した生活《せいかつ》を送《おく》れるよう家事《かじ》なども指導《しどう》しました。

大村《おおむら》はま

教育者《きょういくしゃ》・国語教育研究家《こくごきょういくけんきゅうか》 ●1906-2005年《ねん》／日本《にほん》（神奈川出身《かながわしゅっしん》）

21世紀《せいき》の国語教育《こくごきょういく》を提案《ていあん》
52年間現役《ねんかんげんえき》で国語教師《こくごきょうし》を務《つと》めた

一番先《いちばんさき》に浮《う》かんだ
言葉《ことば》は使《つか》わないこと。

（出典《しゅってん》：刈谷夏子《かりやなつこ》『優劣《ゆうれつ》のかなたに 大村《おおむら》はま60のことば』筑摩書房《ちくましょぼう》）

最初《さいしょ》にうかんで出《で》てきた言葉《ことば》は、自分《じぶん》のくせや型《かた》にはまった考《かんが》えから出《で》てくる言葉《ことば》かもしれない。自分《じぶん》の心《こころ》や考《かんが》えをきちんと相手《あいて》に伝《つた》えるためには、一度言葉《いちどことば》を飲《の》みこんで、ほかの言葉《ことば》で言《い》うように、はまは心《こころ》がけていました。

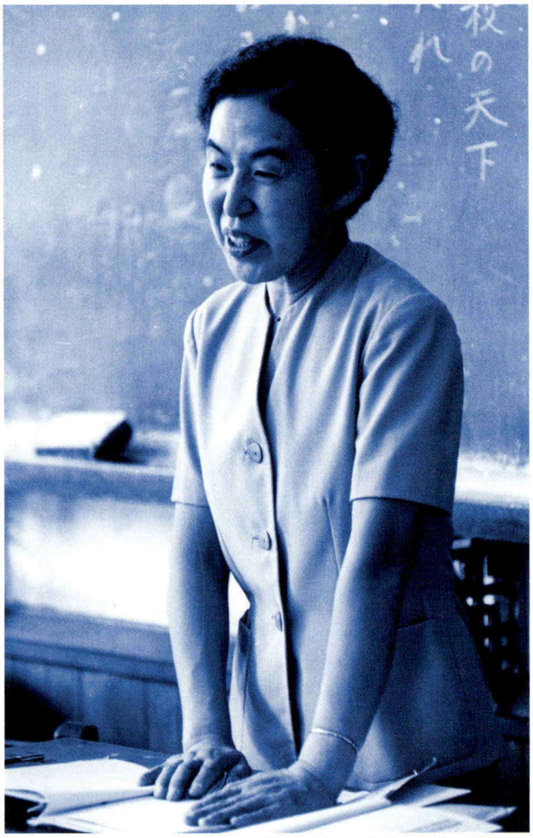

教《きょう》だんに立《た》つはま。子《こ》どもが学《まな》び続《つづ》け、社会《しゃかい》に出《で》て働《はたら》くことができる能力《のうりょく》を身《み》につけるためには、読《よ》む、書《か》く、聞《き》く、調《しら》べる、話《はな》し合《あ》うことが大切《たいせつ》だと考《かんが》えた。

教《おし》えるとは何《なに》かを考《かんが》え続《つづ》けた国語教育《こくごきょういく》の開拓者《かいたくしゃ》

高等女学校《こうとうじょがっこう》の教師《きょうし》を約《やく》20年務《ねんつと》めたはまは、第二次世界大戦《だいにじせかいたいせん》後《ご》、公立中学校《こうりつちゅうがっこう》の教師《きょうし》になりました。終戦直後《しゅうせんちょくご》のため、黒板《こくばん》や教科書《きょうかしょ》、えんぴつさえない教室《きょうしつ》で、どのように授業《じゅぎょう》をすればよいか考《かんが》えます。そこで、古《ふる》い新聞《しんぶん》や雑誌《ざっし》の記事《きじ》を使《つか》って教材《きょうざい》を手作《てづく》りしました。このような工夫《くふう》から生《う》まれた「大村単元学習《おおむらたんげんがくしゅう》」では、それぞれの子《こ》どもの言葉《ことば》の力《ちから》に合《あ》わせた教材《きょうざい》を使《つか》い、書《か》いたり、読《よ》んだり、話《はな》し合《あ》ったりする力《ちから》をつけます。学習《がくしゅう》の1つである発表会《はっぴょうかい》では、指人形《ゆびにんぎょう》やぬいぐるみ、あやつり人形《にんぎょう》などを使《つか》うこともありました。人前《ひとまえ》で話《はな》すのが苦手《にがて》な子《こ》どものためです。人形《にんぎょう》に注目《ちゅうもく》してもらうことで、発表《はっぴょう》する子《こ》どもは落《お》ち着《つ》いて話《はなし》をすることができました。

教師《きょうし》は「教《おし》えることの専門《せんもん》職《しょく》」であると考《かんが》えていたはまは、つねに研究《けんきゅう》を続《つづ》け、独創《どくそう》的《てき》な授業《じゅぎょう》を行《おこな》いました。はまの国語研究《こくごけんきゅう》と教師《きょうし》としての評《ひょう》価《か》は高《たか》く、現代《げんだい》の国語教育《こくごきょういく》にも、はまの教育法《きょういくほう》が生《い》かされています。子《こ》ども一人《ひとり》ひとりに寄《よ》りそった教師《きょうし》でした。

実際《じっさい》に使用《しよう》した教具《きょうぐ》のあやつり人形《にんぎょう》。子《こ》どもたちが自《みずか》ら興《きょう》味《み》や関心《かんしん》を示《しめ》すように工夫《くふう》した。

国語教育《こくごきょういく》の研究《けんきゅう》を生《しょう》がい続《つづ》けたはまは、多《おお》くの著書《ちょしょ》を残《のこ》した。写真《しゃしん》は『授業《じゅぎょう》を創《つく》る』（国土《こくど》社《しゃ》）、『新編《しんぺん》 教《おし》えるということ』（筑摩書房《ちくましょぼう》）。

マリア・モンテッソーリ

医師《いし》・教育者《きょういくしゃ》　1870-1952年《ねん》／イタリア

20世紀《せいき》の幼児教育《ようじきょういく》に大《おお》きくこうけん
今《いま》も世界中《せかいじゅう》で実践《じっせん》されている教育法《きょういくほう》

マリアは36歳《さい》の時《とき》、ローマの貧《まず》しい人《ひと》が暮《く》らす街《まち》で、保育施設《ほいくしせつ》「子《こ》どもの家《いえ》」を始《はじ》めた。そこでの独自《どくじ》の教育方法《きょういくほうほう》が、モンテッソーリ教育法《きょういくほう》として確立《かくりつ》した。

私《わたし》は、子《こ》どもと大人《おとな》をむすぶ通訳《つうやく》であったにすぎないのです。

（出典《しゅってん》：『新《あたら》しい世界《せかい》のための教育　自分《じぶん》をつくる　0歳《さい》～6歳《さい》』関《せき》 聡訳《さとしやく》　エンデレル書店《しょてん》）

「わたしがしてきたことは、子《こ》どもそのものを研究《けんきゅう》したことにすぎません。子《こ》どもがあたえてくれたものを世界《せかい》に表《あらわ》しただけです」。マリアは、自分《じぶん》は偉大《いだい》な教育者《きょういくしゃ》ではない、子《こ》どもたちがたくさんのことを教《おし》えてくれた、といつも言《い》いました。

子《こ》どもを観察《かんさつ》することから生《う》まれたモンテッソーリ教育法《きょういくほう》

マリアは20歳《さい》の時《とき》、医学部《いがくぶ》へ入《はい》ります。医者《いしゃ》は男性《だんせい》の職業《しょくぎょう》とされていた当時《とうじ》、男子学生《だんしがくせい》と同《おな》じ教室《きょうしつ》で解剖《かいぼう》の授業《じゅぎょう》を受《う》けさせてもらえず、夜《よる》に1人《ひとり》で解剖《かいぼう》を行《おこな》うなど、差別《さべつ》を受《う》けることもありました。多《おお》くの苦労《くろう》を乗《の》りこえ、マリアはイタリアで最初《さいしょ》の女性医学博士《じょせいいがくはくし》の1人《ひとり》となります。卒業後《そつぎょうご》は医《い》学《がく》を通《とお》して障害《しょうがい》のある子《こ》どもへの教育《きょういく》に取《と》り組《く》みました。

マリアは、自分《じぶん》の教育法《きょういくほう》がすべての子《こ》どもたちのためになると考《かんが》えます。マリアの教育法《きょういくほう》には、自分《じぶん》のことが自分《じぶん》でできるようになるための「日常生活《にちじょうせいかつ》の練習《れんしゅう》」、マリアが開《かい》発《はつ》した教具《きょうぐ》などを使《つか》った「感覚教育《かんかくきょういく》」「言語教育《げんごきょういく》」「算数教育《さんすうきょういく》」などがあります。どれも先生《せんせい》が教《おし》えるのではなく、子《こ》どもたちの自主性《じしゅせい》が尊重《そんちょう》されます。自立《じりつ》し、責任感《せきにんかん》と思《おも》いやりがあり、学《まな》び続《つづ》ける姿勢《しせい》をもつ人間《にんげん》を育《そだ》てるマリアの教育法《きょういくほう》は、世界中《せかいじゅう》で今《いま》も実践《じっせん》されています。

独自《どくじ》の教具《きょうぐ》を使《つか》った教育法《きょういくほう》。上《うえ》の写真《しゃしん》は、さまざまな立体《りったい》の特《とく》ちょうに気《き》づくための感覚教具《かんかくきょうぐ》の1つ。左《ひだり》の写真《しゃしん》は、数量《すうりょう》をビーズで表《あらわ》し、量《りょう》を体感《たいかん》する算数教具《さんすうきょうぐ》の1つ。

澤田美喜《さわだみき》

慈善事業家《じぜんじぎょうか》 ●1901-1980年《ねん》／日本《にほん》（東京出身《とうきょうしゅっしん》）

2000人以上《にんいじょう》の孤児《こじ》の母《はは》に 差別《さべつ》に苦《くる》しむ混血《こんけつ》の子《こ》どもたちを救《すく》う

56歳《さい》の美喜《みき》。寄付金《きふきん》を集《あつ》めるための手紙《てがみ》や、養子縁組先《ようしえんぐみさき》からの手紙《てがみ》の返事《へんじ》など、いつもたくさんの手紙《てがみ》を書《か》いていた。

子供《こども》というものは、まわりのすべての人々《ひとびと》から、祝福《しゅくふく》されて生《う》まれるべきだと思《おも》います。

（出典《しゅってん》：『澤田美喜《さわだみき》 黒《くろ》い肌《はだ》と白《しろ》い心《こころ》 - サンダース・ホームへの道《みち》（人間の記録134）』日本図書《にほんとしょ》センター）

戦後《せんご》生《う》まれた混血児《こんけつじ》の多《おお》くは、心《こころ》ない差別《さべつ》を受《う》けました。貧《まず》しさや偏見《へんけん》にたえられなかった親《おや》によって、捨《す》てられる子《こ》も多《おお》くいました。美喜《みき》は、そのような混血児《こんけつじ》たちの母《はは》になるために、財産《ざいさん》と人生《じんせい》をすべてかけたのです。

お金《かね》では買《か》えない幸福《こうふく》を求《もと》めて 正《ただ》しいと思《おも》った道《みち》をつき進《すす》む

裕福《ゆうふく》な家庭《かてい》で何不自由《なにふじゆう》なく育《そだ》った美喜《みき》ですが、厳《きび》しい教育《きょういく》と限《かぎ》られた空間《くうかん》だけの生活《せいかつ》を、きゅうくつに感《かん》じていました。外交官《がいこうかん》と結婚《けっこん》し、あこがれの海外生活《かいがいせいかつ》が始《はじ》まると、その国《くに》の言葉《ことば》を覚《おぼ》え、積極的《せっきょくてき》に周《まわ》りの人《ひと》と交流《こうりゅう》しました。しかし、はなやかな社交界《しゃこうかい》のことを、だんだんとむなしく感《かん》じるようになっていた美喜《みき》は、イギリスで孤児院《こじいん》を訪《おとず》れたことがきっかけで、人《ひと》のために何《なに》かをしたいと思《おも》うようになります。お金《かね》では買《か》えない幸《しあわ》せがあることに気《き》づいたのです。

第二次世界大戦後《だいにじせかいたいせんご》、捨《す》てられて亡《な》くなる混血児《こんけつじ》を見《み》て、この子《こ》たちを守《まも》らなければと、孤児院《こじいん》をつくります。子《こ》どもたちはどんどん孤児院《こじいん》へあずけられるので、お金《かね》や物《もの》が全然《ぜんぜん》たりません。美喜《みき》は、お金《かね》にかえられるものは何《なん》でも売《う》り、外国《がいこく》にいる友人《ゆうじん》たちにも寄付《きふ》をつのりました。30年《ねん》の間《あいだ》に、2000人以上《にんいじょう》もの子《こ》どもを育《そだ》て、多《おお》くの養子縁組《ようしえんぐみ》を成立《せいりつ》させました。

美喜《みき》が開設《かいせつ》した孤児院《こじいん》へと続《つづ》く、100m以上《いじょう》あるトンネル。朝起《あさお》きると、トンネルに子《こ》どもが置《お》かれていることも少《すく》なくなかったため、毎朝《まいあさ》ここを確認《かくにん》することが美喜《みき》の日課《にっか》だった。

0歳《さい》 岩崎家《いわさきけ》に生《う》まれる

岩崎家《いわさきけ》は「三菱《みつびし》」という大《おお》きな会社《かいしゃ》をつくった一族《いちぞく》です。3人《にん》の男《おとこ》の子《こ》に続《つづ》いて、岩崎家《いわさきけ》に生《う》まれた初《はじ》めての女《おんな》の子《こ》だったので、美喜《みき》の誕生《たんじょう》は多《おお》くの祝福《しゅくふく》を受《う》けました。お祝《いわ》いにはきれいな着物《きもの》がたくさんおくられました。

女子英学塾《じょしえいがくじゅく》を卒業《そつぎょう》していた美喜《みき》の母《はは》は、子《こ》どもたちにも早《はや》くから英語《えいご》を学《まな》ばせ、美喜《みき》も5歳《さい》ころから津田梅子《つだうめこ》(→p.12)に英語《えいご》を習《なら》います。

三菱財閥《みつびしざいばつ》の創始者《そうししゃ》

岩崎弥太郎《いわさきやたろう》

(1835-1885年《ねん》)

江戸時代《えどじだい》、土佐《とさ》(現在《げんざい》の高知県《こうちけん》)で生《う》まれた弥太郎《やたろう》は、明治時代《めいじじだい》になると「三菱商会《みつびししょうかい》」という海運業《かいうんぎょう》を行《おこな》う会社《かいしゃ》をつくり、「三菱財閥《みつびしざいばつ》」の基礎《きそ》を築《きず》きました。弥太《やた》郎《ろう》は美喜《みき》の祖父《そふ》にあたります。

財閥《ざいばつ》とは?

親企業《おやきぎょう》を中心《ちゅうしん》に、家族《かぞく》や同族《どうぞく》でつくられた会社《かいしゃ》が集《あつ》まった巨大《きょだい》なグループのことです。三菱《みつびし》のほかに、三井《みつい》、住友《すみとも》、安田《やすだ》などがあり、戦前《せんぜん》の日本経済《にほんけいざい》を支《し》配《はい》していました。戦争《せんそう》の資金《しきん》を出《だ》していたとして、第二次世界大戦後《だいにじせかいたいせんご》、財閥《ざいばつ》の解体《かいたい》が命《めい》じられました。

20歳《さい》 外交官《がいこうかん》との結婚《けっこん》 キリスト教徒《きょうと》に

美喜《みき》の祖母《そぼ》は、岩崎家《いわさきけ》の長女《ちょうじょ》の結婚相手《けっこんあいて》には名家《めいか》の男性《だんせい》がふさわしいと考《かんが》えていました。しかし、地位《ちい》や身分《みぶん》をふりかざしてえらそうにしている人《ひと》が大《だい》きらいだった美喜《みき》は、お見合《みあ》いの席《せき》でわざとふざけるので、なかなか結婚《けっこん》が決《き》まりません。そんななか、外交官《がいこうかん》の澤田廉三《さわだれんぞう》がお見合《みあ》いの相手《あいて》に選《えら》ばれます。外国《がいこく》へ行《い》けることや廉三《れんぞう》がキリスト教徒《きょうと》であることが、美喜《みき》に結婚《けっこん》を決心《けっしん》させました。

美喜《みき》がすごした屋敷《やしき》では、執事《しつじ》や料理人《りょうりにん》、庭師《にわし》や家庭教師《かていきょうし》など多《おお》くの人《ひと》が働《はたら》いていた。写真《しゃしん》は、岩崎家《いわさきけ》の集《あつ》まりやパーティーに使《つか》われていた洋館《ようかん》(旧岩崎邸庭園内《きゅういわさきていていえんない》)。

16歳《さい》 キリスト教《きょう》に出会《であ》う

病気《びょうき》の療養《りょうよう》のため、神奈川県《かながわけん》の大磯《おおいそ》にある別荘《べっそう》ですごした美喜《みき》は、看護師《かんごし》が読《よ》んでいた聖書《せいしょ》の言葉《ことば》を聞《き》いておどろきます。それまで美喜《みき》が読《よ》んでいた本《ほん》には、親《おや》のかたきをたおした子《こ》どもがほめられる話《はなし》などが書《か》かれていましたが、聖書《せいしょ》には「あなたの敵《てき》を愛《あい》しなさい」と逆《ぎゃく》のことが書《か》かれていたのです。美喜《みき》はキリスト教《きょう》の教《おし》えにひかれていきます。

聖書《せいしょ》がきっかけで学校《がっこう》をやめる

大磯《おおいそ》から東京《とうきょう》へもどった美喜《みき》は、キリスト教徒《きょうと》の同級生《どうきゅうせい》にたのんで、イギリス土産《みやげ》のバッグと聖書《せいしょ》を交《こう》かんしてもらいます。聖書《せいしょ》は祖母《そぼ》に見《み》つかり燃《も》やされてしまいました。岩崎家《いわさきけ》の人々《ひとびと》は熱心《ねっしん》な仏教徒《ぶっきょうと》だったからです。美喜《みき》がキリスト教《きょう》にひかれていくことを心配《しんぱい》した祖母《そぼ》は、学校《がっこう》をやめさせてしまいました。

30歳《さい》 ロンドンの孤児院《こじいん》を訪問《ほうもん》

外交官夫人《がいこうかんふじん》としてアルゼンチンや中国《ちゅうごく》ですごした後《あと》、イギリスへわたります。美喜《みき》は、あこがれの海外生活《かいがいせいかつ》を楽《たの》しんでいました。しかし、夫《おっと》の出世《しゅっせ》のためのかけひきや、パーティー続《つづ》きの生活《せいかつ》にむなしさを感《かん》じるようになっていきます。そんな時《とき》、ロンドンの孤児院《こじいん》へ案内《あんない》されます。子《こ》どもたちの明《あか》るい表情《ひょうじょう》や、清潔《せいけつ》で設備《せつび》が整《ととの》った孤児院《こじいん》のようすに感動《かんどう》した美喜《みき》は、日本《にほん》にも明《あか》るい孤児院《こじいん》をつくりたいと考《かんが》えるようになります。

34歳《さい》 黒人《こくじん》への差別《さべつ》を目《ま》の当《あ》たりに

イギリスでの生活《せいかつ》の後《あと》、フランス、そしてアメリカへと移《うつ》ります。フランスで友《とも》だちになったジョセフィン・ベーカーという黒人《こくじん》の歌手《かしゅ》も、同《おな》じころにアメリカの劇団《げきだん》によばれてニューヨークへ来《く》ることになりました。しかし、ジョセフィンを待《ま》っていたのは黒人《こくじん》に対《たい》する差別《さべつ》。どのホテルでも宿泊《しゅくはく》を断《ことわ》られ、劇団員《げきだんいん》には「いっしょのステージに出《で》るなんてはずかしい」と言《い》われます。そのことを知《し》った美喜《みき》は、いかりを覚《おぼ》えると同時《どうじ》に、とても悲《かな》しい気持《きも》ちになりました。

44歳《さい》 孤児《こじ》を救《すく》おうと決心《けっしん》

第二次世界大戦《だいにじせかいたいせん》が終《お》わると、多《おお》くのアメリカ兵《へい》が日本《にほん》へやってきました。ある日《ひ》、美喜《みき》が乗《の》っていた満員列車《まんいんれっしゃ》に、ふろしき包《づつ》みが置《お》かれていました。なんと黒《くろ》いはだの赤《あか》ちゃんが包《つつ》まれていたのです。赤《あか》ちゃんは亡《な》くなっていました。当時《とうじ》、アメリカ人《じん》と日本人《にほんじん》の間《あいだ》に生《う》まれた多《おお》くの混血児《こんけつじ》が、駅《えき》や公園《こうえん》に置《お》き去《ざ》りにされ亡《な》くなりました。「祝福《しゅくふく》を受《う》けずに生《う》まれた子《こ》たちの母《はは》になろう」。美喜《みき》は決心《けっしん》します。

美喜《みき》とジョセフィンの友情《ゆうじょう》

歌手《かしゅ》として世界的《せかいてき》に有名《ゆうめい》になったジョセフィンは、1954年《ねん》に日本全国《にほんぜんこく》で公演《こうえん》を行《おこな》いました。この時《とき》の収入《しゅうにゅう》はすべて美喜《みき》の孤児院《こじいん》へ寄付《きふ》され、さらに2人《ふたり》の孤児《こじ》を養子《ようし》として引《ひ》き取《と》ります。美喜《みき》とジョセフィンはお互《たが》いのよき理解者《りかいしゃ》でした。

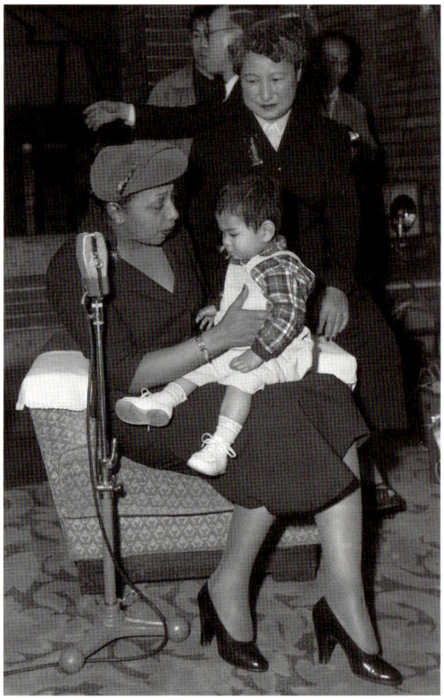

孤児院《こじいん》の子《こ》どもをだくジョセフィン（左《ひだり》）を見《み》つめる美喜《みき》。

占領下《せんりょうか》の日本《にほん》

第二次世界大戦《だいにじせかいたいせん》で負《ま》けた日本《にほん》は、アメリカ軍《ぐん》を中心《ちゅうしん》とした連合国軍《れんごうこくぐん》によって占領《せんりょう》されました。日本政府《にほんせいふ》は、連合国軍最高司令官総司令部《れんごうこくぐんさいこうしれいかんそうしれいぶ》(GHQ《ジーエイチキュー》)の指令《しれい》に従《したが》い、軍隊《ぐんたい》を解散《かいさん》し、新《あたら》しい憲法《けんぽう》を作成《さくせい》しました。戦争中《せんそうちゅう》に重要《じゅうよう》な地位《ちい》にいた人《ひと》や多《おお》くの資産《しさん》をもっていた人《ひと》は、戦争《せんそう》を悪化《あっか》させたとして職《しょく》を追《お》われ、財産《ざいさん》を取《と》り上《あ》げられました。美喜《みき》が幼《おさな》いころ暮《く》らした家《いえ》や別荘《べっそう》も、アメリカ軍《ぐん》の施設《しせつ》になりました。

終戦直後《しゅうせんちょくご》の東京《とうきょう》・銀座《ぎんざ》のようす。空襲《くうしゅう》で焼《や》け残《のこ》った建物《たてもの》は軍《ぐん》の施設《しせつ》として使《つか》われた。

45歳《さい》 大磯《おおいそ》の別荘《べっそう》を孤児院《こじいん》に

かつてキリスト教《きょう》に出会《であ》った場所《ばしょ》である大磯《おおいそ》の別荘《べっそう》を孤児院《こじいん》（現在《げんざい》は児童養護《じどうようご》施設《しせつ》）にしようと考《かんが》えましたが、別荘《べっそう》はすでに政府《せいふ》の手《て》にわたっていました。美喜《みき》は身《み》の回《まわ》りの物《もの》を売《う》ったり、借金《しゃっきん》をしたりして、なんとか別荘《べっそう》を買《か》いもどします。そして、最初《さいしょ》の寄付金《きふきん》を送《おく》ってくれた人《ひと》の名前《なまえ》をもらい「エリザベス・サンダース・ホーム」と名《な》づけました。

孤児院《こじいん》の子《こ》どもたちと美喜《みき》（後《うし》ろ中央《ちゅうおう》）。子《こ》どもたちからは「ママちゃま」とよばれた。

差別《さべつ》や法律《ほうりつ》との戦《たたか》い

混血児《こんけつじ》は敵国《てきこく》の子《こ》どもだと言《い》われ、多《おお》くの人《ひと》が孤児院《こじいん》をつくることに反対《はんたい》しました。一方《いっぽう》で、こっそりミルクを届《とど》けてくれる人《ひと》や、病気《びょうき》をみてくれる医者《いしゃ》もいましたが、GHQ《ジーエイチキュー》はそのような行動《こうどう》を許《ゆる》さず禁止《きんし》しました。さらに、よくないうわさを流《なが》されて寄付金《きふきん》が届《とど》かないこともありました。

また当時《とうじ》は、アメリカへ養子《ようし》を送《おく》り出《だ》すことは法律《ほうりつ》によって厳《きび》しく制限《せいげん》されていました。しかし、美喜《みき》はねばり強《づよ》く交《こう》しょうを続《つづ》け、500組《くみ》以上《いじょう》の養子縁組《ようしえんぐみ》を成立《せいりつ》させました。

51歳《さい》 学校《がっこう》を建《た》てる

少《すこ》しでも差別《さべつ》から子《こ》どもたちを守《まも》るために、集《あつ》まった寄付金《きふきん》で孤児院《こじいん》の敷地内《しきちない》に聖《せい》ステパノ学園《がくえん》を建《た》てました。「ステパノ」は、戦死《せんし》した美喜《みき》の三男《さんなん》のキリスト教徒《きょうと》としての名《な》です。ほかにも礼拝堂《れいはいどう》や宿舎《しゅくしゃ》を建《た》て、かつてロンドンで訪《おとず》れた明《あか》るい孤児院《こじいん》を手本《てほん》に、施設《しせつ》を整《ととの》えました。

愛情《あいじょう》を注《そそ》ぐ反面《はんめん》、いつかは社会《しゃかい》へ出《で》なければいけない子《こ》どもたちを、美喜《みき》は厳《きび》しくしつけました。その厳《きび》しさは、孤児院《こじいん》の保育士《ほいくし》が心配《しんぱい》して止《と》めに入《はい》るほどだったといいます。

美喜《みき》が集《あつ》めた隠《かく》れキリシタンの遺品《いひん》。「澤田美喜記念館《さわだみききねんかん》」で一部《いちぶ》が公開《こうかい》されている。

心《こころ》のよりどころ 隠《かく》れキリシタンの遺品《いひん》

お金《かね》に困《こま》った時《とき》も美喜《みき》が決《けっ》して手放《てばな》さなかったものが、隠《かく》れキリシタンの遺品《いひん》です。かつて、日本《にほん》でキリスト教《きょう》が禁止《きんし》されていた時代《じだい》、厳《きび》しくおさえつけられながらも信仰《しんこう》を守《まも》りぬいた隠《かく》れキリシタンの遺品《いひん》は、ホームを続《つづ》ける美喜《みき》の心《こころ》の支《ささ》えとなっていました。

瓜生《うりゅう》岩子《いわこ》

慈善事業家《じぜんじぎょうか》 ●1829-1897年《ねん》／日本《にほん》(福島出身《ふくしましゅっしん》)

わが身《み》をすてて人《ひと》につくす 不幸《ふこう》をバネにした「日本《にほん》のナイチンゲール」

岩子《いわこ》は13歳《さい》から3年間《ねんかん》、医師《いし》であった叔父《おじ》のもとで礼儀作法《れいぎさほう》を学《まな》んだ。診療所《しんりょうじょ》の手伝《てつだ》いをしながら、命《いのち》の尊《とうと》さや世《よ》の中《なか》の仕組《しく》みを理解《りかい》した。この時《とき》の経験《けいけん》が、岩子《いわこ》の福祉活動《ふくしかつどう》の原点《げんてん》となっている。

いのちに敵味方《てきみかた》はありませぬ

（出典《しゅってん》：わだよしおみ『ねがいは水《みず》あめの詩《うた》に』ＰＨＰ研究所《ビーエイチピーけんきゅうじょ》）

1867年《ねん》、江戸幕府《えどばくふ》は政権《せいけん》を朝廷《ちょうてい》に返《かえ》し、翌年《よくねん》、明治政府《めいじせいふ》が誕生《たんじょう》します。そのことに不満《ふまん》をもった旧幕府軍《きゅうばくふぐん》が新政府《しんせいふ》を相手《あいて》に戦争《せんそう》を起《お》こしました。岩子《いわこ》はその戊辰戦争《ぼしんせんそう》で傷《きず》ついた人《ひと》を、敵味方関係《てきみかたかんけい》なく手当《てあ》てをしました。

いつでもどこでもどんな時《とき》も、命《いのち》を救《すく》いに

夫《おっと》や母《はは》が続《つづ》けて亡《な》くなり、生《い》きる気力《きりょく》をなくしていた岩子《いわこ》は、「世《よ》の中《なか》にはもっと不幸《ふこう》な人《ひと》が大勢《おおぜい》いる。その人《ひと》たちのためにつくしなさい」と、寺《てら》の和尚《おしょう》に言《い》われ、苦《くる》しんでいる人《ひと》たちのために生《い》きることを決意《けつい》します。

岩子《いわこ》が39歳《さい》の時《とき》に起《お》きた戊辰戦争《ぼしんせんそう》で救護活動《きゅうごかつどう》を行《おこな》った後《あと》、戦争《せんそう》で親《おや》を失《うしな》った子《こ》どもたちを保護《ほご》し、子《こ》どもたちのために学校《がっこう》をつくりました。また、貧民救済《ひんみんきゅうさい》のための施設《しせつ》を全国《ぜんこく》にもつくってほしいという請願書《せいがんしょ》を女性《じょせい》で初《はじ》めて国会《こっかい》に提出《ていしゅつ》します。62歳《さい》の時《とき》、渋沢栄一《しぶさわえいいち》 (→p.5) からたのまれて、渋沢《しぶさわ》が院長《いんちょう》を務《つと》めていた東京《とうきょう》の保護施設《ほごしせつ》で、孤児《こじ》の世話《せわ》をしました。

田内《たうち》千鶴子《ちづこ》

慈善事業家《じぜんじぎょうか》 ●1912-1968年《ねん》／日本《にほん》(高知出身《こうちしゅっしん》)

国《くに》をこえた愛《あい》を信《しん》じて 3000人《にん》の韓国人孤児《かんこくじんこじ》を育《そだ》てた

千鶴子《ちづこ》は病気《びょうき》で倒《たお》れた時《とき》、「治療《ちりょう》にかけるお金《かね》があるなら、孤児院《こじいん》の子《こ》どもたちのために使《つか》ってほしい」と言《い》ったほど、子《こ》どもたちのことを1番《ばん》に考《かんが》えていた。

真心《まごころ》と愛《あい》を以《も》って孤児育成《こじいくせい》に尽《つ》くすならば、必《かなら》ずわかってもらえる。

（出典《しゅってん》：東《ひがし》アジア学会《がっかい》 編《へん》『日韓《にっかん》の架《か》け橋《はし》となった人《ひと》びと』明石書店《あかししょてん》）

日本《にほん》が第二次世界大戦《だいにじせかいたいせん》に負《ま》けた後《あと》も、朝鮮半島《ちょうせんはんとう》に残《のこ》った日本人《にほんじん》の千鶴子《ちづこ》は、石《いし》を投《な》げられるなどのつらい目《め》にあいますが、夫《おっと》や孤児院《こじいん》の子《こ》どもたちが千鶴子《ちづこ》を守《まも》りました。

神《かみ》の力《ちから》にすがり、誠意《せいい》をもってつくす

千鶴子《ちづこ》は24歳《さい》の時《とき》、キリストの教《おし》えのもとに孤児《こじ》を育《そだ》てていた尹致浩《ユンチホ》と出会《であ》い、2年後《ねんご》に結婚《けっこん》します。1950年《ねん》に始《はじ》まった朝鮮戦争《ちょうせんせんそう》の混乱《こんらん》のなかで夫《おっと》が行方不明《ゆくえふめい》になると、千鶴子《ちづこ》は孤児《こじ》たちのため食《た》べ物《もの》をもらいに町《まち》を回《まわ》りました。孤児《こじ》は増《ふ》えるのに、助《たす》けも少《すく》なく、苦《くる》しい毎日《まいにち》が続《つづ》きました。

千鶴子《ちづこ》が51歳《さい》の時《とき》、韓国政府《かんこくせいふ》は千鶴子《ちづこ》の長年《ながねん》の活動《かつどう》をたたえて文化《ぶんか》くん章《しょう》をおくります。日本《にほん》と韓国《かんこく》の国交《こっこう》はなく、反日感情《はんにちかんじょう》がまだ非常《ひじょう》に強《つよ》い時《じ》代《だい》のことでした。3000人《にん》の韓国人孤児《かんこくじんこじ》を育《そだ》てた日本人《にほんじん》の千鶴子《ちづこ》のそうぎには、3万人《まんにん》もの市民《しみん》が参列《さんれつ》し、国《くに》をこえて千鶴子《ちづこ》に感謝《かんしゃ》しました。

ヘレン・ケラー

社会福祉事業家《しゃかいふくしじぎょうか》・作家《さっか》　●1880-1968年《ねん》／ アメリカ

見《み》えない、聞《き》こえない、話《はな》せない
重《おも》い障害《しょうがい》を乗《の》りこえた「奇跡《きせき》の人《ひと》」

点字《てんじ》で書《か》かれた本《ほん》を読《よ》むヘレン。

この世《よ》の中《なか》に、
なにかひとつ、わたしで
なければできないものが
あるにちがいない。

（出典《しゅってん》：『ヘレン＝ケラー自伝《じでん》』今西祐行《いまにしすけゆき》 訳《やく》　講談社《こうだんしゃ》）

「わたしは、見《み》えない、聞《き》こえない、話《はな》せない。だからこそ人《ひと》のためにできることがある」とヘレンは考《かんが》えました。自《じ》分《ぶん》にしかできないこと。それは障害《しょうがい》のある多《おお》くの人《ひと》たちに勇気《ゆうき》と希望《きぼう》を届《とど》けることでした。

17歳《さい》ころのヘレン（左《ひだり》）とサリヴァン先生《せんせい》。相手《あいて》の口《くち》に手《て》を当《あ》ててふるえを感《かん》じることで、言葉《ことば》を理解《りかい》した。

好奇心《こうきしん》おう盛《せい》な楽天家《らくてんか》 サリヴァン先生《せんせい》と歩《あゆ》んだ道《みち》

真《ま》っ暗《くら》で音《おと》のない世界《せかい》にいるヘレンに教育《きょういく》を受《う》けさせるため、ヘレンの父《ちち》はグラハム・ベルを訪《たず》ねました。ベルは、電《でん》話《わ》を発明《はつめい》したことで有名《ゆうめい》ですが、耳《みみ》が聞《き》こえない人《ひと》の教育《きょういく》にも力《ちから》を入《い》れていたのです。ベルのしょうかいで、家庭教師《かていきょうし》のアン・サリヴァン先生《せんせい》がヘレンの家《いえ》にやってくると、7歳《さい》のヘレンに言葉《ことば》には意味《いみ》があること、物《もの》には名前《なまえ》があることを教《おし》えました。サリヴァン先生《せんせい》が教科書《きょうかしょ》を点字《てんじ》に訳《やく》したり、授《じゅ》業中《ぎょうちゅう》に通訳《つうやく》をしてくれたりしたおかげで、ヘレンは大学《だいがく》に入《はい》り、すぐれた成績《せいせき》で卒業《そつぎょう》します。

自分《じぶん》の仕事《しごと》は障害《しょうがい》のある人《ひと》を救《すく》うことだと考《かんが》えたヘレンは、世界中《せかいじゅう》を回《まわ》って講演《こうえん》し、障害者《しょうがいしゃ》への理解《りかい》をうったえます。ヘレンの活動《かつどう》のおかげで、日本《にほん》では身体障害者福祉法《しんたいしょうがいしゃふくしほう》が制定《せいてい》されました。人生《じんせい》に希望《きぼう》と光《ひかり》をあたえるヘレンの著書《ちょしょ》は、障害《しょうがい》のある人《ひと》のみならず、たくさんの人《ひと》に読《よ》まれています。

ヘレンの著書《ちょしょ》。『ヘレン＝ケラー自伝《じでん》』（今西祐行《いまにしすけゆき》 訳《やく》、講談社《こうだんしゃ》）、『私《わたし》の宗教《しゅうきょう》』（高橋和夫《たかはしかずお》・鳥田恵《とりたけい》 訳《やく》、未來社《みらいしゃ》）。

マザー・テレサ

修道女《しゅうどうじょ》 ●1910-1997年《ねん》／マケドニア出身《しゅっしん》

貧《まず》しい人《ひと》のために生《い》きた聖女《せいじょ》 命《いのち》を救《すく》う活動《かつどう》は今《いま》も人々《ひとびと》の心《こころ》を動《うご》かす

本名《ほんみょう》はアグネス・ゴンジャ・ボアジュ。修道会《しゅうどうかい》に入《はい》り「テレサ」と改名《かいめい》した。

愛《あい》はわかち合《あ》うものです

（出典《しゅってん》：五十嵐《いがらし》薫《かおる》『マザー・テレサ 愛《あい》の贈《おく》り物《もの》』ＰＨＰ《ピーエイチピー》研究所《けんきゅうじょ》）

テレサは、貧《まず》しいことは不幸《ふこう》ではなく、物《もの》にしばられない心《こころ》の自由《じゆう》があると言《い》っています。食《た》べる物《もの》は、ひとりじめしないでお腹《なか》がすいているみんなで分《わ》ける。それが本当《ほんとう》の愛《あい》だといつも話《はな》していました。

人種《じんしゅ》も宗教《しゅうきょう》もこえた大《おお》きな愛《あい》で 命《いのち》を救《すく》う活動《かつどう》を続《つづ》けた

テレサは子《こ》どものころに、インドの貧《まず》しい人《ひと》たちを救《すく》う活動《かつどう》をしている神父《しんぷ》の話《はなし》を、教会《きょうかい》で聞《き》きます。自分《じぶん》もそのような仕事《しごと》がしたいと考《かんが》えるようになりました。18歳《さい》でアイルランドの修道会《しゅうどうかい》に入《はい》ったテレサは、念願《ねんがん》のインドへ派《は》けんされると、修道会《しゅうどうかい》の高等女学校《こうとうじょがっこう》で約《やく》17年間《ねんかん》教《きょう》だんに立《た》ちました。

36歳《さい》の時《とき》、テレサは「貧《まず》しい人々《ひとびと》のためにつくしなさい」という神《かみ》の声《こえ》を聞《き》いたといいます。そして、インドのカルカッタ（現在《げんざい》のコルカタ）で貧《まず》しい人《ひと》たちを救《すく》う活動《かつどう》を始《はじ》めました。貧《まず》しくて学校《がっこう》へ行《い》けない子《こ》どもたちのための学校《がっこう》や、捨《す》てられた子《こ》どもを育《そだ》てる「孤児《こじ》の家《いえ》」、ひとりぼっちのまま死《し》んでしまう人《ひと》を看取《みと》る「死《し》を待《ま》つ人《ひと》の家《いえ》」、差別《さべつ》にも苦《くる》しむハンセン病患者《びょうかんじゃ》のための診療所《しんりょうじょ》などをつくりました。テレサの行動《こうどう》に協力《きょうりょく》する人《ひと》が増《ふ》え、世界中《せかいじゅう》にその活動《かつどう》が広《ひろ》がっていきました。テレサはノーベル平和賞《へいわしょう》など数多《かずおお》くの賞《しょう》を受賞《じゅしょう》していますが、賞金《しょうきん》はすべて貧《まず》しい人《ひと》たちのために使《つか》われています。

テレサが42歳《さい》の時《とき》につくった「死《し》を待《ま》つ人《ひと》の家《いえ》」。もとはヒンドゥー教《きょう》の寺院《じいん》だったが使《つか》われなくなっていたため、インド政府《せいふ》の協力《きょうりょく》を受《う》け施設《しせつ》を開《ひら》いた。

19歳《さい》 インドのカルカッタへ

テレサが派《は》けんされた高等女学校《こうとうじょがっこう》には、学校《がっこう》に通《かよ》う余裕《よゆう》のある裕福《ゆうふく》な家《いえ》の子《こ》どもが通《かよ》っていました。しかし、カルカッタの貧《まず》しい人《ひと》が暮《く》らすスラムは、路上《ろじょう》には亡《な》くなったお年寄《としよ》りが横《よこ》たわり、赤《あか》ちゃんが捨《す》てられ、食《た》べる物《もの》がなく、お腹《なか》をすかせている大人《おとな》も子《こ》どももたくさんいました。テレサは、貧《まず》しい人々《ひとびと》のなかでも最《もっと》も貧《まず》しい人《ひと》のために仕事《しごと》をしようと決心《けっしん》します。

カルカッタの路上《ろじょう》を歩《ある》くテレサ。

修道女《しゅうどうじょ》とは?

おもにカトリック*では、キリストの教《おし》えに従《したが》って共《きょう》同生活《どうせいかつ》を送《おく》る人《ひと》を「修道士《しゅうどうし》(女性《じょせい》は修道女《しゅうどうじょ》)」といいます。多《おお》くは修道院《しゅうどういん》で生活《せいかつ》し、学校《がっこう》や病院《びょういん》を開《ひら》くなどの慈《じ》善活動《ぜんかつどう》やキリスト教《きょう》を広《ひろ》める活動《かつどう》を行《おこな》うこともあります。修道士《しゅうどうし》(修道女《しゅうどうじょ》)は結婚《けっこん》が認《みと》められていません。

*カトリック…キリスト教《きょう》の宗派《しゅうは》の1つ。

40歳《さい》 新《あたら》しい出発《しゅっぱつ》 「マザー・テレサ」誕生《たんじょう》

38歳《さい》の時《とき》、修道院《しゅうどういん》を出《で》て看護《かんご》の知識《ちしき》を身《み》につけたテレサは、カルカッタのスラムに住《す》み、病人《びょうにん》の手当《てあ》てや子《こ》どもたちに言葉《ことば》を教《おし》える活動《かつどう》を始《はじ》めます。2年《ねん》後《ご》、最《もっと》も貧《まず》しい人《ひと》たちのために働《はたら》くことを目的《もくてき》とした修道会《しゅうどうかい》「神《かみ》の愛《あい》の宣教者会《せんきょうしゃかい》」を設立《せつりつ》し、この時《とき》から「マザー・テレサ」とよばれるようになりました。人間《にんげん》にとっていちばん悲《かな》しいのは、だれからも相手《あいて》にされないこと。テレサは貧《まず》しい人々《ひとびと》に愛《あい》を注《そそ》いでいきました。

54歳《さい》 異例《いれい》のはやさでローマ教皇《きょうこう》に認《みと》められる

「そこに困《こま》っている人《ひと》がいるなら、どこへでも喜《よろこ》んで行《い》きます」という、テレサたちの行動《こうどう》がローマ教皇《きょうこう》を動《うご》かしました。教皇《きょうこう》は「神《かみ》の愛《あい》の宣教者会《せんきょうしゃかい》」を認《みと》め、テレサたちは、インド以外《いがい》でも活動《かつどう》ができるようになります。教皇《きょうこう》の認可《にんか》を受《う》けた修道会《しゅうどうかい》になるには、通常《つうじょう》、設立《せつりつ》から30～40年《ねん》かかるところ、15年《ねん》という異例《いれい》のはやさでした。テレサは貧《まず》しい人々《ひとびと》を救《すく》うための施設《しせつ》を世界中《せかいじゅう》につくり始《はじ》めます。

ユニークなアイデア

施設《しせつ》をつくりたいけどお金《きん》がない。テレサは、ローマ教皇《きょうこう》からおくられた高級《こうきゅう》車《しゃ》を景品《けいひん》にした宝《たから》くじを思《おも》いつきます。多《おお》くの人《ひと》がくじを買《か》い、施設《しせつ》をつくるのに十分《じゅうぶん》な資金《しきん》を得《え》ることができました。また、貧《まず》しい子《こ》どもたちのために、余《あま》った機内食《きないしょく》をもらうこともしました。そういう行《おこな》いは、はずかしいことではないとテレサは考《かんが》えていました。

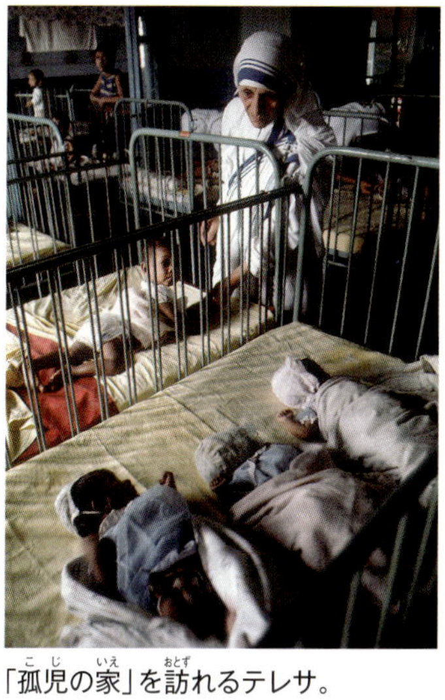

「孤児《こじ》の家《いえ》」を訪《おとず》れるテレサ。

マザー・テレサのサリー

テレサはいつもサリーを身《み》につけています。サリーはインドの女性《じょせい》が着《き》る民族衣装《みんぞくいしょう》です。スラムの市場《いちば》で買《か》ったいちばん安《やす》い木綿《もめん》のサリーを、テレサは生《しょう》がい身《み》につけました。それは、自分《じぶん》も貧《まず》しいインドの人《ひと》たちのなかの1人《ひとり》だという気持《きも》ちからです。インド人《じん》として生《い》きていくことを決《き》めたテレサは、国籍《こくせき》もインドに変《か》えました。

平塚《ひらつか》らいてう《（ちょう）》

婦人運動家《ふじんうんどうか》・思想家《しそうか》 ●1886-1971年《ねん》／日本《にほん》(東京出身《とうきょうしゅっしん》)

女性解放運動《じょせいかいほううんどう》の指導者《しどうしゃ》
自分《じぶん》らしく生《い》きることを求《もと》めた「新《あたら》しい女《おんな》」

25歳《さい》、『青鞜《せいとう》』創刊《そうかん》のころのらいてう。
本名《ほんみょう》は明《はる》といい、らいてうはペンネーム。

元始《げんし》、女性《じょせい》は太陽《たいよう》であった

（出典《しゅってん》：『平塚《ひらつか》らいてう著作集《ちょさくしゅう》 第《だい》1巻《かん》』 大月書店《おおつきしょてん》）

雑誌《ざっし》『青鞜《せいとう》』に、らいてうが書《か》いた創刊《そうかん》の言葉《ことば》です。女性《じょせい》は自《みずか》らの力《ちから》でかがやいて生《い》きるべきであるというメッセージをこめました。この言葉《ことば》が、当時《とうじ》の若《わか》い女《じょ》性《せい》に感動《かんどう》をあたえ、女性解放運動《じょせいかいほううんどう》が活発《かっぱつ》になりました。

らいてうが中心《ちゅうしん》になってつくった文芸誌《ぶんげいし》『青鞜《せいとう》』の創刊《そうかん》号《ごう》。表紙《ひょうし》のデザインは、長《なが》沼智恵子《ぬまちえこ》によるもの。智恵《ちえ》子《こ》は後《のち》に、詩人《しじん》で彫刻家《ちょうこくか》の高村光太郎《たかむらこうたろう》と結婚《けっこん》した。

生《い》きることは行動《こうどう》すること
自《みずか》らの行動《こうどう》で女性解放《じょせいかいほう》を示《しめ》す

親《おや》が決《き》めた相手《あいて》と結婚《けっこん》し、家事《かじ》と育児《いくじ》をすることが女性《じょせい》の役割《やくわり》とされていた時代《じだい》に、らいてうは自分《じぶん》らしく自由《じゆう》に生《い》きることを求《もと》めました。

女性《じょせい》による文芸誌《ぶんげいし》『青鞜《せいとう》』を創刊《そうかん》すると、若《わか》い女性《じょせい》たちからの共感《きょうかん》を得《え》ました。らいてうは「自分《じぶん》は新《あたら》しい女《おんな》である」と宣言《せんげん》し、自由《じゆう》な恋愛《れんあい》や法律《ほうりつ》にしばられない結婚《けっこん》など、自《みずか》ら行動《こうどう》に移《うつ》します。しかし、「新《あたら》しい女《おんな》」の出現《しゅつげん》は世間《せけん》から多《おお》くの批判《ひはん》を受《う》けました。

子《こ》どもを産《う》んでからも、女性《じょせい》が政治《せいじ》に参加《さんか》する権《けん》利《り》を求《もと》める運動《うんどう》をしました。子《こ》どもをもつ母親《ははおや》を国《くに》や社会《しゃかい》が守《まも》るべきであると雑誌《ざっし》に発表《はっぴょう》するなど、女性《じょせい》の地位向上《ちいこうじょう》を目指《めざ》す運動《うんどう》に関《かか》わり続《つづ》けます。

戦後《せんご》は、戦争《せんそう》を放棄《ほうき》した国《くに》の女性《じょせい》として、世界《せかい》へ平和《へいわ》をよびかけます。未来《みらい》の子《こ》どもたちが安心《あんしん》して暮《く》らせる世界《せかい》をつくるために、戦争反対《せんそうはんたい》をうったえ続《つづ》けたのです。

平塚《ひらつか》らいてうの人生《じんせい》をたどってみよう

14歳《さい》ごろ　「海賊組《かいぞくぐみ》」結成《けっせい》！

小学校《しょうがっこう》を卒業《そつぎょう》したらいてうは、東京女子高等師範学校《とうきょうじょしこうとうしはんがっこう》（現《げん》在《ざい》のお茶《ちゃ》の水女子大学《みずじょしだいがく》）付属高等女学校《ふぞくこうとうじょがっこう》へ入学《にゅうがく》しました。

良妻賢母《りょうさいけんぼ》の教育方針《きょういくほうしん》に疑問《ぎもん》を感《かん》じたらいてうは、気《き》の合《あ》う友人《ゆうじん》たちと、将来《しょうらい》は結婚《けっこん》をしないで自立《じりつ》しようと話《はな》し合《あ》い、「海賊組《かいぞくぐみ》」を結成《けっせい》します。同級生《どうきゅうせい》たちがおしゃれに夢中《むちゅう》になるなか、らいてうは身《み》なりをまったく気《き》にせず、テニスに熱中《ねっちゅう》して真《ま》っ黒《くろ》に日《ひ》焼《や》けをしていました。

女学校時代《じょがっこうじだい》につくった「海賊組《かいぞくぐみ》」の友人《ゆうじん》たち。前列《ぜんれつ》がらいてう。歴《れき》史《し》の授業《じゅぎょう》で習《なら》った「倭寇《わこう》」（日本《にほん》の海賊《かいぞく》）の自由《じゆう》な行動《こうどう》にひきつけられたのが名称《めいしょう》の由来《ゆらい》。

17歳《さい》　日本女子大学校《にほんじょしだいがっこう》へ入学《にゅうがく》　図書館《としょかん》へ通《かよ》い読書《どくしょ》にはげむ

開校《かいこう》したばかりの日本女子大学校《にほんじょしだいがっこう》は、「女子《じょし》を人《ひと》として教育《きょういく》すること」という考《かんが》えでした。らいてうはこの考《かんが》えに共感《きょうかん》し進学《しんがく》を希望《きぼう》します。父《ちち》には「女《おんな》の子《こ》が学問《がくもん》をすると不幸《ふこう》になる」と反対《はんたい》されますが、母《はは》の説得《せっとく》により進学《しんがく》が許《ゆる》されました。初《はじ》めのうちは熱心《ねっしん》に講義《こうぎ》を受《う》けていましたが、しだいに「自分《じぶん》は何者《なにもの》であるのか？」となやみ、図《と》書館《しょかん》で宗教《しゅうきょう》や哲学《てつがく》の本《ほん》を読《よ》みあさるようになりました。

禅《ぜん》との出会《であ》い

何者《なにもの》であるかの答《こた》えを求《もと》めて、本《ほん》を読《よ》み、教会《きょうかい》へ通《かよ》いますが答《こた》えが見《み》つかりません。ある時《とき》、同級生《どうきゅうせい》の部屋《へや》で禅《ぜん》の教《おし》えが書《か》かれた本《ほん》と出会《であ》います。「真理《しんり》は外《そと》に求《もと》めるのではなく、自分《じぶん》の心《こころ》の中《なか》にある」。まさにらいてうが求《もと》めていた答《こた》えでした。それから、修行《しゅぎょう》のため毎日《まいにち》のように寺《てら》へ通《かよ》い始《はじ》めます。

22歳《さい》　心中未《しんじゅうみ》すい事件《じけん》で世間《せけん》をさわがせる

女子大《じょしだい》を卒業後《そつぎょうご》、英語学校《えいごがっこう》に通《かよ》っていたらいてうは、文学研究会《ぶんがくけんきゅうかい》にも参加《さんか》します。そこで、研究会《けんきゅうかい》の講師《こうし》、森田草平《もりたそうへい》と親《した》しくなり、手紙《てがみ》のやりとりなどをするようになりました。

ある日《ひ》、森田《もりた》とともに家出《いえで》をし、いっしょに死《し》のうと雪《ゆき》が積《つ》もる山《やま》を登《のぼ》りました。結局《けっきょく》、そうさく隊《たい》に発見《はっけん》され無事《ぶじ》に下山《げざん》しますが、心中《しんじゅう》しようとしたことが新聞《しんぶん》に載《の》り、大《おお》きな事件《じけん》となってしまいました。

事件《じけん》のえいきょう

らいてうは母校《ぼこう》の名《な》を傷《きず》つけたとして、女子大《じょしだい》の卒業名簿《そつぎょうめいぼ》から除名《じょめい》され、中学《ちゅうがく》の教師《きょうし》をしていた森田《もりた》は職《しょく》を失《うしな》います。世間《せけん》からも多《おお》くの批判《ひはん》を受《う》け、らいてうはしばらく東京《とうきょう》をはなれ長《なが》野《の》ですごします。森田《もりた》は師匠《ししょう》である夏目漱石《なつめそうせき》にすすめられて、事件《じけん》をもとにした小説《しょうせつ》を発表《はっぴょう》しました。

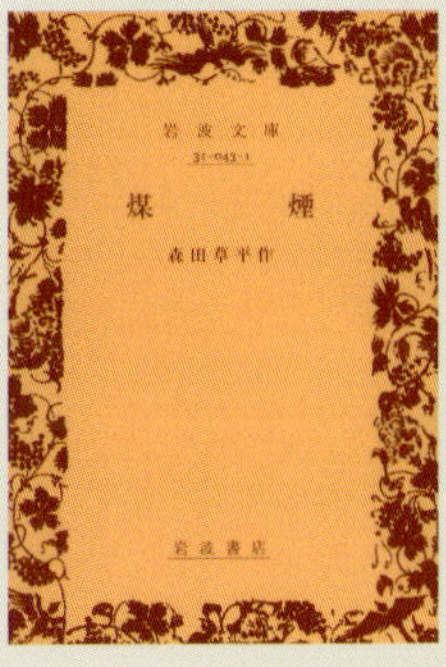

森田《もりた》が事件《じけん》を題材《だいざい》に書《か》いた小説《しょうせつ》『煤煙《ばいえん》』（岩波《いわなみ》書店《しょてん》）。

25歳《さい》

女性《じょせい》による文芸誌《ぶんげいし》『青鞜《せいとう》』創刊《そうかん》

事件《じけん》から2年《ねん》ほどたったころ、文学研究《ぶんがくけんきゅう》会《かい》を開《ひら》いていた評論家《ひょうろんか》の生田長江《いくたちょうこう》から「女《じょ》性《せい》ばかりの文芸誌《ぶんげいし》をつくってみては」とすすめられます。らいてうは姉《あね》の友人《ゆうじん》といっしょに『青鞜《せいとう》』をつくることを決心《けっしん》し、「青《せい》鞜社《とうしゃ》」を結成《けっせい》。18人《にん》の社員《しゃいん》でスタートします。創刊号《そうかんごう》には、『みだれ髪《がみ》』で名《な》の知《し》られていた歌人《かじん》、与謝野晶子《よさのあきこ》も詩《し》を書《か》くなど、有名《ゆうめい》な女性作家《じょせいさっか》も参加《さんか》しました。雑誌《ざっし》をつくるためのお金《かね》は、らいてうの結婚資金《けっこんしきん》から母《はは》がこっそり出《だ》してくれました。

「新《あたら》しい女《おんな》」とよばれて

小説《しょうせつ》や評論《ひょうろん》を自由《じゆう》に載《の》せていた『青鞜《せいとう》』は、世間《せけん》から「新《あたら》しい女《おんな》」と批判《ひはん》を受《う》け、過激《かげき》な内容《ないよう》であると発《はつ》売《ばい》を禁止《きんし》されることもありました。社員《しゃいん》のなかには批《ひ》判《はん》にたえられずやめてしまう人《ひと》もいましたが、らいてうは自《みずか》ら「私《わたし》は新《あたら》しい女《おんな》である」と宣言《せんげん》をします。

社員《しゃいん》の生活《せいかつ》や経済的《けいざいてき》な事情《じじょう》などにより、雑誌《ざっし》『青《せい》鞜《とう》』は約《やく》4年半《ねんはん》で休刊《きゅうかん》となりました。

『青鞜《せいとう》』の名《な》の由来《ゆらい》

18世紀《せいき》のロンドンで、女性《じょせい》たちによって芸術《げいじゅつ》や科学《かがく》について語《かた》り合《あ》う会合《かいごう》が開《ひら》かれていました。そこに青《あお》いくつ下《した》をはいた人《ひと》がいたことから、知識《ちしき》のある女性《じょせい》を「ブルーストッキング」(青鞜《せいとう》)とよんだといわれています。女性《じょせい》らしくないという非難《ひなん》もこめられた言葉《ことば》でしたが、いっそ自分《じぶん》たちから名乗《なの》ってしまおうと、雑誌《ざっし》の名《な》にしたのです。

青鞜社《せいとうしゃ》の社員《しゃいん》。右《みぎ》はしがらいてう。

「五色《ごしき》の酒事件《さけじけん》」

ある時《とき》、『青鞜《せいとう》』に広告《こうこく》を出《だ》してもらおうと、青鞜社《せいとうしゃ》の社員《しゃいん》が人気《にんき》のバーを訪《たず》ねました。そこで5色《しょく》の層《そう》になった美《うつく》しいお酒《さけ》を見《み》て感動《かんどう》した社員《しゃいん》は、新聞記者《しんぶんきしゃ》にもその話《はなし》をしてしまいます。たちまち新聞《しんぶん》は「女《おんな》が酒《さけ》を飲《の》んでいる」と批判《ひはん》。当時《とうじ》は、女性《じょせい》がお酒《さけ》を飲《の》むことをよく思《おも》わない人《ひと》が多《おお》かったのです。「新《あたら》しい女《おんな》」の行動《こうどう》はいつも注目《ちゅうもく》され、小《ちい》さなことでも大《おお》きく取《と》り上《あ》げられ、非難《ひなん》されました。

明快《めいかい》な理論《りろん》で問題《もんだい》を指摘《してき》

山川菊栄《やまかわきくえ》

(1890-1980年《ねん》)

評論家《ひょうろんか》。女性問題《じょせいもんだい》について理論的《りろんてき》に問題《もんだい》を指摘《してき》、戦後《せんご》は女性《じょせい》や子《こ》どもの労働問題《ろうどうもんだい》に取《と》り組《く》みました。『青鞜《せいとう》』で展開《てんかい》されていた、身売《みう》りする女性《じょせい》をなくす運動《うんどう》についての批判《ひはん》を、するどい切《き》り口《くち》で論破《ろんぱ》したことが評論家《ひょうろんか》としてのデビューです。その後《ご》、らいてうや与謝野晶子《よさのあきこ》らと、それぞれの立場《たちば》から、母性保護論争《ぼせいほごろんそう》を繰《く》り広《ひろ》げました。らいてうとは文学研究会《ぶんがくけんきゅうかい》で出会《であ》っています。

28歳《さい》 法律《ほうりつ》にしばられない 新《あたら》しい家族《かぞく》の生活《せいかつ》を始《はじ》める

結婚《けっこん》すると夫《おっと》の名字《みょうじ》になることなど、法律《ほうりつ》で決《き》められた結《けっ》婚《こん》の制度《せいど》に疑問《ぎもん》をもっていたらいてうは、年下《としした》の画家《がか》、奥村《おくむら》博史《ひろし》と役所《やくしょ》へ届《とど》けを出《だ》さずに共同生活《きょうどうせいかつ》を始《はじ》めます。当時《とうじ》の常識《じょうしき》では考《かんが》えられないことだったので、またも世間《せけん》から多《おお》くの批判《ひはん》を受《う》けました。

らいてうの出産《しゅっさん》と同《おな》じ時期《じき》に博史《ひろし》が病気《びょうき》になり、育児《いくじ》と看護《かんご》と生活《せいかつ》のための仕事《しごと》に追《お》われて、子《こ》をもつ母《はは》を社会《しゃかい》がもっと支《ささ》えなければと考《かんが》えるようになります。

長女《ちょうじょ》をだくらいてう（左《ひだり》）と夫《おっと》の博史《ひろし》。

34歳《さい》 新婦人協会《しんふじんきょうかい》を結成《けっせい》

2人《ふたり》の子《こ》どもの母《はは》となったらいてうは、仕事《しごと》や結《けっ》婚《こん》、育児《いくじ》など女性《じょせい》がかかえる問題《もんだい》が多《おお》いことを実感《じっかん》します。女性《じょせい》の立場《たちば》から社会《しゃかい》を変《か》える必要《ひつよう》があると考《かんが》え、市川房枝《いちかわふさえ》（→p.36）や奥《おく》むめお（→p.38）たちと「新婦《しんふ》人協会《じんきょうかい》」を設立《せつりつ》します。当時《とうじ》、女性《じょせい》に選挙権《せんきょけん》はなく、女性《じょせい》が政治演説《せいじえんぜつ》を聞《き》くことも禁止《きんし》されていました。

らいてうは、法律《ほうりつ》の改定《かいてい》を議会《ぎかい》にかけ合《あ》ったり、集《しゅう》会《かい》を開《ひら》いたりして精力的《せいりょくてき》に活動《かつどう》を続《つづ》け、女性《じょせい》が政治的《せいじてき》な集会《しゅうかい》に参加《さんか》する権利《けんり》を得《え》ます。

新婦人協会設立《しんふじんきょうかいせつりつ》のころ。前列中《ぜんれつちゅう》央《おう》がらいてう、後列左《こうれつひだり》が房枝《ふさえ》、右《みぎ》がむめお。

主婦《しゅふ》の立場《たちば》から

活動《かつどう》による疲労《ひろう》から協会《きょうかい》を解散《かいさん》した後《あと》も、らいてうは婦人《ふじん》参政権《さんせいけん》の重要性《じゅうようせい》をうったえ、執筆活動《しっぴつかつどう》を続《つづ》けました。また、地域《ちいき》の人々《ひとびと》で助《たす》け合《あ》って暮《く》らす、消費組合運動《しょうひくみあいうんどう》にも参加《さんか》するようになります。食料品《しょくりょうひん》や日用品《にちようひん》を安《やす》く売《う》る「我等《われら》の家《いえ》」を、近所《きんじょ》の女性《じょせい》たちといっしょにつくりました。

64歳《さい》 戦争《せんそう》を経《へ》て 世界平和《せかいへいわ》を願《ねが》う

第二次世界大戦後《だいにじせかいたいせんご》に制定《せいてい》された日本国憲法《にほんこくけんぽう》を見《み》て、らいてうは感動《かんどう》しました。婦人参政権《ふじんさんせいけん》が認《みと》められ、平和主《へいわしゅ》義《ぎ》がかかげられていたからです。

再《ふたた》び市川房枝《いちかわふさえ》らとともに、平和運動《へいわうんどう》に取《と》り組《く》みます。64歳《さい》の時《とき》、「非武装国日本女性《ひぶそうこくにほんじょせい》の講和問題《こうわもんだい》についての希《き》望要項《ぼうようこう》」を発表《はっぴょう》し、世界《せかい》へ向《む》けて平和《へいわ》をうったえました。

平和《へいわ》をうったえてデモ行進《こうしん》に参加《さんか》するらいてう（前列中央《ぜんれつちゅうおう》）。最期《さいご》まで平和《へいわ》を願《ねが》っていた。

福田英子《ふくだひでこ》

婦人運動家《ふじんうんどうか》　●1865-1927年《ねん》／日本《にほん》(岡山出身《おかやましゅっしん》)

ひたむきな情熱《じょうねつ》をかたむけて
女性《じょせい》の地位向上《ちいこうじょう》を求《もと》めた先駆者《せんくしゃ》

晩年《ばんねん》の英子《ひでこ》は「男《おとこ》はだめだよ。位階《いかい》やくん章《しょう》に目《め》がくらむからね。そこへ行《い》くと女《おんな》にはくん章《しょう》をぶら下《さ》げて喜《よろこ》ぶような馬鹿《ばか》はいないからたのもしいよ」と口《くち》ぐせのように言《い》ったという。

> **自分《じぶん》の天職《てんしょく》は戦《たたか》いであり、**
> **人道《じんどう》の罪悪《ざいあく》と戦《たたか》うことです**

(参考《さんこう》：『妾《わらわ》の半生涯《はんせいがい》』岩波書店《いわなみしょてん》)

明治時代《めいじじだい》は、社会《しゃかい》に出《で》て仕事《しごと》をしている女性《じょせい》はわずかで、離婚《りこん》したり、夫《おっと》と死別《しべつ》したりすると、ほとんどの女性《じょせい》が経済的《けいざいてき》に苦《くる》しい状況《じょうきょう》に追《お》いこまれました。そこで、「女性《じょせい》も仕事《しごと》につながる技術《ぎじゅつ》を身《み》につけることが大切《たいせつ》だ」と考《かんが》えた英子《ひでこ》は、女子工芸学校《じょしこうげいがっこう》を開《ひら》きました。

生《い》きる道《みち》を探《さが》して、社会《しゃかい》の中《なか》で戦《たたか》い続《つづ》けた

江戸時代《えどじだい》の終《お》わりごろに現在《げんざい》の岡山県《おかやまけん》に生《う》まれ、3歳《さい》の時《とき》に明治維新《めいじいしん》をむかえました。女性《じょせい》は勉強《べんきょう》することが難《むずか》しい時代《じだい》でしたが、母《はは》の希望《きぼう》で高《たか》い教育《きょういく》を受《う》けます。15歳《さい》で小学校《しょうがっこう》の先生《せんせい》となり、自分《じぶん》でも私塾《しじゅく》を開《ひら》いて収入《しゅうにゅう》を得《え》ました。17歳《さい》の時《とき》、国民《こくみん》の自由《じゆう》や権利《けんり》を求《もと》める自由民権運動《じゆうみんけんうんどう》の演説《えんぜつ》を聞《き》きます。これがきっかけとなって上京《じょうきょう》し、運動《うんどう》に参加《さんか》しました。35歳《さい》で夫《おっと》と死別《しべつ》しますが、その1年後《ねんご》には女子工芸学校《じょしこうげいがっこう》を設立《せつりつ》、42歳《さい》で雑誌《ざっし》『世界婦人《せかいふじん》』を創刊《そうかん》し、女性《じょせい》の政治参加《せいじさんか》などを唱《とな》えます。子育《こそだ》てをしながら活動《かつどう》を続《つづ》け、女性《じょせい》の地位向上《ちいこうじょう》におしみなく力《ちから》を注《そそ》ぎました。

楠瀬喜多《くすのせきた》

自由民権運動家《じゆうみんけんうんどうか》　●1836-1920年《ねん》／日本《にほん》(高知出身《こうちしゅっしん》)

婦人参政権運動《ふじんさんせいけんうんどう》の先《さき》がけ
納得《なっとく》するまで追究《ついきゅう》し続《つづ》けた「民権《みんけん》ばあさん」

> **投票権《とうひょうけん》がないのなら納税《のうぜい》はしない**

(参考《さんこう》：加藤周一《かとうしゅういち》ほか編《へん》『憲法構想《けんぽうこうそう》 日本近代思想大系《にほんきんだいしそうたいけい》9』岩波書店《いわなみしょてん》)

60歳《さい》ごろの喜多《きた》。

税金《ぜいきん》を納《おさ》めているのに選挙権《せんきょけん》があたえられなかったため、喜多《きた》は税金《ぜいきん》をはらうのをやめ、国《くに》へ選挙権《せんきょけん》を求《もと》める意見書《いけんしょ》を提出《ていしゅつ》しました。この行動《こうどう》が新聞《しんぶん》で報道《ほうどう》され、喜多《きた》の名《な》は広《ひろ》く知《し》られることになります。

言《い》いたいことははっきりと言《い》う！

38歳《さい》の時《とき》に夫《おっと》を亡《な》くした後《あと》は、喜多《きた》が戸主《こしゅ》*となり、税金《ぜいきん》を納《おさ》めていました。しかし、選挙《せんきょ》では女性《じょせい》ということで投票《とうひょう》ができません。このことに納得《なっとく》できなかった喜多《きた》は、県《けん》や国《くに》に働《はたら》きかけ、6年後《ねんご》の1880年《ねん》に、とうとう村《むら》の選挙《せんきょ》で女性《じょせい》が投票《とうひょう》する権利《けんり》を認《みと》めさせます。このころ、同《おな》じ土佐藩《とさはん》(現在《げんざい》の高知県《こうちけん》)出身《しゅっしん》の板垣退助《いたがきたいすけ》による自由民権運動《じゆうみんけんうんどう》が全国的《ぜんこくてき》に盛《さか》んでした。喜多《きた》は板垣《いたがき》がおこした立志社《りっししゃ》にも参加《さんか》し、若《わか》い活動家《かつどうか》から「民権《みんけん》ばあさん」とよばれてしたわれました。

＊戸主《こしゅ》…家《いえ》の責任者《せきにんしゃ》。当時《とうじ》は戸主《こしゅ》として税金《ぜいきん》を納《おさ》めている男性《だんせい》に投票権《とうひょうけん》があたえられた。

高《たか》群《むれ》逸《いつ》枝《え》

女性史研究家《じょせいしけんきゅうか》・詩人《しじん》　1894-1964年《ねん》／日本《にほん》(熊本出身《くまもとしゅっしん》)

恋《こい》も仕事《しごと》も、とことんやらないと気《き》がすまない 女性《じょせい》の歴史《れきし》に取《と》り組《く》んだ研究者《けんきゅうしゃ》

家《いえ》にこもって資料《しりょう》を読《よ》む逸枝《いつえ》。1日《にち》16時間以上《じかんいじょう》も机《つくえ》に向《む》かい、食事《しょくじ》も忘《わす》れるほど研究《けんきゅう》に熱中《ねっちゅう》することもあった。

> 論《ろん》じている自分《じぶん》が何《なに》も
> 根拠《こんきょ》となる知識《ちしき》をもたずに
> 空《そら》に論《ろん》じていることに
> 気《き》づいたのです

（出典《しゅってん》：森《もり》まゆみ『明治快女伝《めいじかいじょでん》』文藝春秋《ぶんげいしゅんじゅう》）

女性《じょせい》の権利《けんり》を主張《しゅちょう》するなら、女性《じょせい》がしいたげられてきた歴史《れきし》を解《と》き明《あ》かす必要《ひつよう》がある。女性解放運動《じょせいかいほううんどう》に参加《さんか》して、そう気《き》づいた逸枝《いつえ》は、手《て》さぐりで女性史《じょせいし》の研究《けんきゅう》を始《はじ》めました。

恋《こい》に落《お》ちた相手《あいて》に支《ささ》えられ 半生《はんせい》を研究《けんきゅう》につぎこんだ

熊本《くまもと》に生《う》まれた逸枝《いつえ》は、小学校《しょうがっこう》の校長《こうちょう》で教育《きょういく》に熱心《ねっしん》な父親《ちちおや》に文章《ぶんしょう》の書《か》き方《かた》などを教《おそ》わり、子《こ》どもの時《とき》から、新聞《しんぶん》に詩《し》や短歌《たんか》を投稿《とうこう》していました。小学校《しょうがっこう》の代用教員《だいようきょういん》をしている時《とき》、後《のち》に夫《おっと》となる橋本憲三《はしもとけんぞう》に出会《であ》い、恋《こい》に落《お》ちますが、適当《てきとう》にあしらわれてしまいます。心《こころ》を乱《みだ》した逸枝《いつえ》は、気持《きも》ちを整理《せいり》するため、四国《しこく》八十八か所《しょ》をお参《まい》りして回《まわ》り、その体験《たいけん》を『娘巡礼記《むすめじゅんれいき》』として新聞《しんぶん》に連載《れんさい》しました。1919年《ねん》に憲三《けんぞう》と結婚《けっこん》しますが、夫《おっと》の身勝手《みがって》さにふりまわされます。その生活《せいかつ》のなかから生《う》まれた言葉《ことば》を、詩《し》や短歌《たんか》として発表《はっぴょう》。上京《じょうきょう》して、詩人《しじん》、小説家《しょうせつか》、評論家《ひょうろんか》として活動《かつどう》しました。

1930年《ねん》に平塚《ひらつか》らいてう《(ちょう)》（→ p.28）の女性解放運動《じょせいかいほううんどう》に参加《さんか》したことをきっかけに、翌年《よくねん》から逸枝《いつえ》が女性史《じょせいし》の研究《けんきゅう》を始《はじ》めると、憲三《けんぞう》は、逸枝《いつえ》を全面的《ぜんめんてき》に支《ささ》えるようになります。家事《かじ》のすべてを夫《おっと》にまかせた逸枝《いつえ》は、37歳《さい》からの三十数年《すうねん》を研究《けんきゅう》に打《う》ちこみ、『母系制《ぼけいせい》の研究《けんきゅう》』（1938年《ねん》）、『招婿婚《しょうせいこん》の研究《けんきゅう》』（1953年《ねん》）などを著《あらわ》しました。

逸枝《いつえ》（左《ひだり》）と憲三《けんぞう》。研究《けんきゅう》に打《う》ちこめるよう、「森《もり》の家《いえ》」と名《な》づけた住居《じゅうきょ》を建《た》てた。憲三《けんぞう》は、仕事《しごと》をしながら家事《かじ》もこなし、資料《しりょう》の収集《しゅうしゅう》など逸枝《いつえ》の研究《けんきゅう》を手助《てだす》けした。

記者《きしゃ》・教育者《きょういくしゃ》　●1873-1957年《ねん》／日本《にほん》（青森出身《あおもりしゅっしん》）

羽《は》仁《に》もと子《こ》

夫《おっと》と二人三脚《ににんさんきゃく》で理想《りそう》を形《かたち》に
若《わか》い家庭《かてい》へ向《む》けた雑誌《ざっし》を創刊《そうかん》、自由《じゆう》な学校《がっこう》をつくる

もと子《こ》が考案《こうあん》した、女性《じょせい》が家庭《かてい》の経済《けいざい》を考《かんが》えられるような家計簿《かけいぼ》は、現在《げんざい》も発刊《はっかん》されている。右《みぎ》の写真《しゃしん》は『家庭之友《かていのとも》』創刊号《そうかんごう》。

勇気百倍《ゆうきひゃくばい》！

（出典《しゅってん》：森《もり》まゆみ『明治快女伝《めいじかいじょでん》』文藝春秋《ぶんげいしゅんじゅう》）

もと子《こ》がつくった自由学園《じゆうがくえん》は、生徒《せいと》がのびのびと学《まな》びながら、生《い》きる力《ちから》を身《み》につけることを目的《もくてき》とした学校《がっこう》でした。言論《げんろん》が規制《きせい》された戦争中《せんそうちゅう》も、この学校《がっこう》を守《まも》り通《とお》したもと子《こ》は、終戦《しゅうせん》の翌日《よくじつ》に疎開先《そかいさき》から東京《とうきょう》へもどるとこのようにさけんで、再《ふたた》び精力的《せいりょくてき》な日々《ひび》を送《おく》りました。

運命《うんめい》の出会《であ》いからユニークな学校《がっこう》をつくり出《だ》した

東京《とうきょう》で学《まな》び、卒業後《そつぎょうご》は青森《あおもり》で教師《きょうし》になったもと子《こ》は、最初《さいしょ》の結婚《けっこん》に失敗《しっぱい》すると再《ふたた》び上京《じょうきょう》して報知新聞社《ほうちしんぶんしゃ》に入社《にゅうしゃ》。文字《もじ》のまちがいなどを見《み》つける校正《こうせい》の仕事《しごと》をしていましたが、独力《どくりょく》で書《か》いた記事《きじ》で実力《じつりょく》を認《みと》められ、26歳《さい》の時《とき》、報知新聞《ほうちしんぶん》で初《はつ》の女性記者《じょせいきしゃ》になります。1901年《ねん》に羽仁吉一《はによしかず》と社内恋愛《しゃないれんあい》で結婚《けっこん》。当時《とうじ》は夫婦《ふうふ》が同《おな》じ会社《かいしゃ》に勤《つと》められる時代《じだい》ではなかったため、2人《ふたり》とも退社《たいしゃ》しました。1903年《ねん》に吉一《よしかず》と雑誌《ざっし》『家庭之友《かていのとも》』（現在《げんざい》の『婦人之友《ふじんのとも》』）を創刊《そうかん》し、合理的《ごうりてき》な家庭生活《かていせいかつ》や教育《きょういく》のことなどを記事《きじ》にしました。雑誌《ざっし》で主張《しゅちょう》していた自由《じゆう》な気風《きふう》を重《おも》んじる教育《きょういく》を実践《じっせん》するため、1921年《ねん》に自由学園《じゆうがくえん》を開《ひら》きました。

記者《きしゃ》・婦人運動家《ふじんうんどうか》　●1921-2006年《ねん》／アメリカ

ベティ・フリーダン

女性《じょせい》の能力《のうりょく》を生《い》かせる社会《しゃかい》にすることで、
世《よ》の中《なか》はよりよくなることを説《と》いた

女性《じょせい》も家庭《かてい》の外《そと》に生《い》きがいを見《み》つけるべきだと説《と》いたベティ。この主張《しゅちょう》は多《おお》くの女性《じょせい》の共感《きょうかん》を得《え》て、アメリカの女性解放運動《じょせいかいほううんどう》が盛《さか》んになった。

女性《じょせい》の生活《せいかつ》がうまくいっていないのは、女性《じょせい》に学問《がくもん》があるせいではない

（参考《さんこう》：『新《あたら》しい女性《じょせい》の創造《そうぞう》』三浦富美子《みうらふみこ》 訳《やく》　大和書房《だいわしょぼう》）

第二次世界大戦後《だいにじせかいたいせんご》のアメリカは、世界《せかい》のなかでも豊《ゆた》かで進歩的《しんぽてき》な国《くに》でしたが、ベティの著書《ちょしょ》により、じつはアメリカの女性《じょせい》の多《おお》くが、女《おんな》らしいふるまいを社会《しゃかい》から強《し》いられ、家庭《かてい》にしばられていることが明《あき》らかになります。

女性《じょせい》が社会《しゃかい》に出《で》ることは、社会《しゃかい》にとってよいこと

ベティが生《う》まれたのは、第一次世界大戦《だいいちじせかいたいせん》が終《お》わって間《ま》もないころでした。大学《だいがく》と大学院《だいがくいん》で心理学《しんりがく》を学《まな》び、卒業後《そつぎょうご》は記者《きしゃ》になりますが、出産休暇《しゅっさんきゅうか》をとったことで解雇《かいこ》されます。1963年《ねん》に出版《しゅっぱん》した『新《あたら》しい女性《じょせい》の創造《そうぞう》』は、大学時代《だいがくじだい》の女性《じょせい》の友人《ゆうじん》200人《にん》にアンケートをとり、5年《ねん》をかけて執筆《しっぴつ》した本《ほん》です。このなかでベティは、女性《じょせい》が社会《しゃかい》との関《かか》わりを断《た》たれ、妻《つま》や母親《ははおや》としてしか生《い》きられない世《よ》の中《なか》は、夫《おっと》や子《こ》どもにとってもよいものではなく、いずれ社会《しゃかい》が弱《よわ》くなると説《と》き、女性《じょせい》も能力《のうりょく》を発揮《はっき》できる世《よ》の中《なか》を願《ねが》って、女性解放運動《じょせいかいほううんどう》を行《おこな》いました。

ベアテ・シロタ＝ゴードン

GHQ《ジーエイチキュー》 民間職員《みんかんしょくいん》　1923-2012年《ねん》／オーストリア出身《しゅっしん》

日本国憲法《にほんこくけんぽう》に男女平等《だんじょびょうどう》を取《と》り入《い》れた日本育《にほんそだ》ちの少女《しょうじょ》

16歳《さい》までに6か国語《こくご》が話《はな》せたベアテ。

> 女性《じょせい》は記事《きじ》を書《か》けなかったのです。男性《だんせい》だけがそういう仕事《しごと》をしました。

（出典《しゅってん》：土井《どい》たか子共著《こきょうちょ》『憲法《けんぽう》に男女平等起草秘話《だんじょびょうどうきそうひわ》（岩波《いわなみ》ブックレット）』岩波書店《いわなみしょてん》）

大学《だいがく》を卒業後《そつぎょうご》、ベアテはアメリカの雑誌《ざっし》『タイム』の編集《へんしゅう》部《ぶ》に入《はい》りました。しかし、女性《じょせい》が取材《しゅざい》をしても、記事《きじ》は男《だん》性《せい》の名前《なまえ》でしか発表《はっぴょう》することができませんでした。ベアテ自身《じしん》も、そのような女性差別《じょせいさべつ》を経験《けいけん》していたのです。

暮《く》らしていたから知《し》っていた日本《にほん》の現実《げんじつ》

ベアテの父《ちち》は世界的《せかいてき》なピアニストでした。5歳《さい》の時《とき》、父《ちち》が東京音楽学校《とうきょうおんがくがっこう》（現在《げんざい》の東京芸術大学音楽学部《とうきょうげいじゅつだいがくおんがくがくぶ》）の教授《きょうじゅ》となり、一家《いっか》は日本《にほん》に移《うつ》り住《す》みます。15歳《さい》でアメリカの大学《だいがく》に留学《りゅうがく》。間《ま》もなく第二次世界大戦《だいにじせかいたいせん》が始《はじ》まり、両親《りょうしん》と生《い》き別《わか》れてしまいます。戦後《せんご》、GHQ《ジーエイチキュー》（→p.22）の職員《しょくいん》として日本《にほん》にもどったベアテは両親《りょうしん》と再会《さいかい》。語学《ごがく》にすぐれていたことから、22歳《さい》で新《あたら》しい日本《にほん》の憲法《けんぽう》の作成《さくせい》に参加《さんか》します。子《こ》どものころ、日本《にほん》の女性《じょせい》がしいたげられているようすを見聞《みき》きしていたベアテは、男女平等《だんじょびょうどう》を憲法《けんぽう》で定《さだ》めることを提案《ていあん》しました。

奥村五百子《おくむらいおこ》

婦人運動家《ふじんうんどうか》　1845-1907年《ねん》／日本《にほん》（佐賀出身《さがしゅっしん》）

江戸時代《えどじだい》の終《お》わりごろに寺《てら》の娘《むすめ》として生《う》まれます。天皇《てんのう》を大切《たいせつ》にする家《いえ》で、父《ちち》や兄《あに》とともに幕府《ばくふ》の政治《せいじ》に対抗《たいこう》する動《うご》きに加《くわ》わりました。1870年《ねん》に結婚《けっこん》した夫《おっと》とは政治《せいじ》について意見《いけん》が合《あ》わず、42歳《さい》で3人《にん》の子《こ》どもを連《つ》れて離婚《りこん》しました。その後《ご》、朝鮮半島《ちょうせんはんとう》で農業学校《のうぎょうがっこう》を設立《せつりつ》します。1900年《ねん》に中国《ちゅうごく》で外国人《がいこくじん》を追放《ついほう》しようとする義和団事件《ぎわだんじけん》が起《お》きると現場《げんば》を視察《しさつ》。そのいたましいようすから、戦争《せんそう》で亡《な》くなった人《ひと》の遺族《いぞく》や負傷者《ふしょうしゃ》の生活《せいかつ》を助《たす》ける仕組《しく》みが必要《ひつよう》だと考《かんが》え、日本《にほん》で愛国婦人会《あいこくふじんかい》（→p.10）を創立《そうりつ》し、全国的《ぜんこくてき》な組織《そしき》に育《そだ》てました。

松本英子《まつもとえいこ》

記者《きしゃ》　1866-1928年《ねん》／日本《にほん》（千葉出身《ちばしゅっしん》）

農業《のうぎょう》のかたわら私塾《しじゅく》を開《ひら》いていた父《ちち》から学《まな》び、8歳《さい》で上京《じょうきょう》します。そして、津田梅子《つだうめこ》（→p.12）の実家《じっか》に寝泊《ねと》まりしながら学校《がっこう》に通《かよ》いました。新聞記者《しんぶんきしゃ》となり、栃木県《とちぎけん》の足尾銅山《あしおどうざん》の鉱毒被害《こうどくひがい》を取材《しゅざい》。『鉱毒《こうどく》地《ち》の惨状《さんじょう》』という記事《きじ》を連載《れんさい》し、被害者《ひがいしゃ》の救済《きゅうさい》を世《よ》の中《なか》によびかけました。1902年《ねん》にアメリカにわたると、各地《かくち》で日本《にほん》についての講演《こうえん》をして回《まわ》り、また、複数《ふくすう》の大学《だいがく》で学《まな》びました。第一次世界大戦中《だいいちじせかいたいせんちゅう》には、アメリカの日本語新聞《にほんごしんぶん》に記事《きじ》を書《か》いて、戦争《せんそう》をすることの無意味《むいみ》さをうったえました。

シモーヌ・ド・ボーヴォワール

小説家《しょうせつか》・思想家《しそうか》　1908-1986年《ねん》／フランス

パリに生《う》まれ、ソルボンヌ大学《だいがく》で哲学《てつがく》と文学《ぶんがく》を学《まな》んだ後《のち》に教師《きょうし》になります。21歳《さい》の時《とき》、哲学者《てつがくしゃ》で小説《しょうせつ》家《か》のサルトルに出会《であ》いました。2人《ふたり》は正式《せいしき》には結婚《けっこん》しませんでしたが、生《しょう》がいのパートナーとなります。子《こ》どものころから小説家《しょうせつか》を志《こころざ》していたシモーヌは、1943年《ねん》、35歳《さい》で発表《はっぴょう》した『招《まね》かれた女《おんな》』で評価《ひょうか》されます。1949年《ねん》に発表《はっぴょう》した評論《ひょうろん》『第二《だいに》の性《せい》』で、「女性《じょせい》という存在《そんざい》は社会《しゃかい》と文化《ぶんか》によってつくられた」という考《かんが》えを述《の》べ、女性解放運動家《じょせいかいほううんどうか》に広《ひろ》く読《よ》まれました。

市川房枝《いちかわふさえ》

婦人運動家《ふじんうんどうか》・政治家《せいじか》 1893-1981年《ねん》／日本《にほん》(愛知出身《あいちしゅっしん》)

思《おも》い立《た》ったら、やってみる
行動《こうどう》しながら男女平等《だんじょびょうどう》の道《みち》を探《さぐ》った

女性《じょせい》の地位向上《ちいこうじょう》や汚職《おしょく》のない政治《せいじ》を目指《めざ》して、つねに先頭《せんとう》に立《た》って活動《かつどう》した房枝《ふさえ》。

権利《けんり》の上《うえ》に眠《ねむ》るな

(出典《しゅってん》：「日本農業新聞《にほんのうぎょうしんぶん》」1978年《ねん》7月《がつ》18日《にち》)

第二次世界大戦後《だいにじせかいたいせんご》、男女平等《だんじょびょうどう》が憲法《けんぽう》で定《さだ》められました。しかし、ようやく得《え》た権利《けんり》なのに、その内容《ないよう》をよく知《し》らない人《ひと》がいることや、知《し》っていても何《なに》もしない人《ひと》がいることを房枝《ふさえ》はなげき、「権利《けんり》は、使《つか》うことで平和《へいわ》な暮《く》らしや平等《びょうどう》が続《つづ》く」と、よく語《かた》りました。

女性《じょせい》への差別《さべつ》をなくす国際条約《こくさいじょうやく》への日本《にほん》の参加《さんか》をうったえるデモ行進《こうしん》に参加《さんか》する房枝《ふさえ》(前列右《ぜんれつみぎ》から5人目《にんめ》)。87歳《さい》の時《とき》。

女性《じょせい》の力《ちから》を信《しん》じてつき進《すす》んだ

教育《きょういく》に熱心《ねっしん》な愛知県《あいちけん》の農家《のうか》に生《う》まれた房枝《ふさえ》は、師《し》範学校《はんがっこう》を卒業後《そつぎょうご》、小学校《しょうがっこう》の教師《きょうし》を務《つと》め、1917年《ねん》に名《な》古屋新聞《ごやしんぶん》(現在《げんざい》の中日新聞《ちゅうにちしんぶん》)の記者《きしゃ》になりました。記《き》者《しゃ》としてさまざまな場所《ばしょ》で取材《しゅざい》をするうちに、男女平《だんじょびょう》等《どう》の考《かんが》え方《かた》や民主主義《みんしゅしゅぎ》に目覚《めざ》め、1918年《ねん》に上京《じょうきょう》。「山田塾《やまだじゅく》」という私塾《しじゅく》で英語《えいご》や女性問題《じょせいもんだい》などについて学《まな》びます。この塾《じゅく》で平塚《ひらつか》らいてう(ちょう)(→p.28)と出会《であ》い、1920年《ねん》にらいてうとともに、婦人参政権《ふじんさんせいけん》の獲得《かくとく》を目指《めざ》す新婦人協会《しんふじんきょうかい》を設立《せつりつ》し、奥《おく》むめお(→p.38)とも知《し》り合《あ》いました。

1921年《ねん》にアメリカにわたり、働《はたら》きながら女性問題《じょせいもんだい》や労働問題《ろうどうもんだい》を学《まな》びます。1924年《ねん》に帰国《きこく》し、婦人参政《ふじんさんせい》権運動《けんうんどう》を続《つづ》けました。

第二次世界大戦後《だいにじせかいたいせんご》、婦人参政権《ふじんさんせいけん》の獲得《かくとく》が実現《じつげん》した後《あと》も、房枝《ふさえ》はさらなる女性《じょせい》の地位向上《ちいこうじょう》を求《もと》めて新日《しんに》本婦人同盟《ほんふじんどうめい》を組織《そしき》します。1953年《ねん》に参議院議員《さんぎいんぎいん》に当《とう》選《せん》。政治家《せいじか》による汚職《おしょく》のない、クリーンな政治《せいじ》を目指《めざ》して活動《かつどう》しました。その姿勢《しせい》に多《おお》くの人々《ひとびと》が共感《きょうかん》して、1980年《ねん》の参議院議員選挙《さんぎいんぎいんせんきょ》では、87歳《さい》という高齢《こうれい》にもかかわらず全国区《ぜんこくく》第1位《だい1い》で当選《とうせん》を果《は》たしました。

市川房枝《いちかわふさえ》の人生《じんせい》をたどってみよう

19歳《さい》 要望《ようぼう》を校長《こうちょう》に直訴《じきそ》

房枝《ふさえ》の通《かよ》った愛知県女子師範学校《あいちけんじょししはんがっこう》の校長《こうちょう》は、「女性《じょせい》は、夫《おっと》や子《こ》どもにつくさなくてはならない。そのためには、がまんを覚《おぼ》えるように」という教育方針《きょういくほうしん》でした。反発《はんぱつ》した房枝《ふさえ》は、同級生《どうきゅうせい》28人《にん》を組織《そしき》して、教師《きょうし》といっさい口《くち》をきかないなどのストライキを行《おこな》います。そして生徒《せいと》が不満《ふまん》に思《おも》っていることを28か条《じょう》にまとめて提出《ていしゅつ》すると、校長《こうちょう》と交《こう》しょうして、いくつかの要望《ようぼう》を通《とお》しました。

女子師範学校卒業前《じょししはんがっこうそつぎょうまえ》の房枝《ふさえ》。学生時代《がくせいじだい》から行動力《こうどうりょく》は人一倍《ひといちばい》あった。

27歳《さい》 取《と》り調《しら》べを受《う》ける

明治時代《めいじじだい》にできた法律《ほうりつ》によって、女性《じょせい》は政治的《せいじてき》な集《あつ》まりを開《ひら》いたり、政治《せいじ》に関《かん》する演説《えんぜつ》を聞《き》いたりすることを禁《きん》じられていました。平塚《ひらつか》らいてうと房枝《ふさえ》の設立《せつりつ》した新婦人協会《しんふじんきょうかい》は、これを修正《しゅうせい》させようとしていました。そのような時《とき》、新婦人協会《しんふじんきょうかい》を支持《しじ》する男性《だんせい》たちが演説会《えんぜつかい》を開《ひら》くことになりました。2人《ふたり》はこの演説会《えんぜつかい》にこっそりもぐりこみ、警官《けいかん》に見《み》つかって取《と》り調《しら》べを受《う》けています。

ＩＬＯ《アイエルオー》東京支局《とうきょうしきょく》で働《はたら》く房枝《ふさえ》。

34歳《さい》 婦人参政権《ふじんさんせいけん》獲得《かくとく》への決意《けつい》

アメリカから帰国《きこく》した房枝《ふさえ》は、国際労働機関《こくさいろうどうきかん》（ILO《アイエルオー》）の東京支局《とうきょうしきょく》で働《はたら》きます。アメリカでつちかった英語力《えいごりょく》や社会問題《しゃかいもんだい》の知識《ちしき》を生《い》かせる仕事《しごと》は、やりがいがありました。婦人参政権獲得《ふじんさんせいけんかくとく》のための活動《かつどう》も空《あ》いた時間《じかん》で続《つづ》けていました。しかし、3年《ねん》たったある時《とき》、自分自身《じぶんじしん》の生活《せいかつ》のために大半《たいはん》の時間《じかん》を使《つか》っていることを反省《はんせい》します。そして、安定《あんてい》した収入《しゅうにゅう》を得《え》られる仕事《しごと》を辞《や》めて、婦人参政権運動《ふじんさんせいけんうんどう》に全力《ぜんりょく》をつくすことを決意《けつい》しました。

戦争協力《せんそうきょうりょく》と公職追放《こうしょくついほう》

第二次世界大戦中《だいにじせかいたいせんちゅう》、房枝《ふさえ》は言論《げんろん》を統制《とうせい》する国《くに》の機関《きかん》の理事《りじ》をしていました。戦争中《せんそうちゅう》は、婦人参政権運動《ふじんさんせいけんうんどう》を続《つづ》けることが難《むずか》しく、母子《ぼし》を守《まも》る法律《ほうりつ》の制定運動《せいていうんどう》などに取《と》り組《く》みました。

戦後《せんご》、日本国憲法《にほんこくけんぽう》が制定《せいてい》されて、言論《げんろん》や表現《ひょうげん》の自由《じゆう》が認《みと》められ、房枝《ふさえ》は再《ふたた》び女性《じょせい》の地位向上《ちいこうじょう》のため活動《かつどう》を始《はじ》めます。ところが1947年《ねん》、53歳《さい》の時《とき》、房枝《ふさえ》は、公《おおやけ》の仕事《しごと》に就《つ》くことを禁止《きんし》する「公職追放《こうしょくついほう》」処分《しょぶん》を受《う》けます。戦争中《せんそうちゅう》の軍《ぐん》への協力《きょうりょく》が原因《げんいん》でした。処分《しょぶん》が解除《かいじょ》される1950年《ねん》まで苦《くる》しい日々《ひび》が続《つづ》きました。

選挙権《せんきょけん》は一部《いちぶ》の人《ひと》にしかなかった

日本《にほん》の選挙制度《せんきょせいど》は明治時代《めいじじだい》の1889年《ねん》から始《はじ》まりますが、当時《とうじ》、投票《とうひょう》できたのは、たくさん税金《ぜいきん》を納《おさ》めている25歳以上《さいいじょう》の男性《だんせい》だけで、それは人口《じんこう》の1.1％にすぎませんでした。大正時代《たいしょうじだい》の1925年《ねん》に、納《おさ》める税金《ぜいきん》の額《がく》にかかわらず、25歳以上《さいいじょう》の男性《だんせい》なら投票《とうひょう》ができるようになります。しかし、女性《じょせい》は、第二次世界大戦後《だいにじせかいたいせんご》の1945年《ねん》まで選挙権《せんきょけん》がありませんでした。

59歳《さい》 理想選挙《りそうせんきょ》

房枝《ふさえ》には、理想《りそう》とする選挙《せんきょ》の形《かたち》がありました。それは議員《ぎいん》になりたい人《ひと》が立候補《りっこうほ》するのではなく、議員《ぎいん》になってもらいたい人《ひと》を、周《まわ》りが推《すい》せんするというものです。そうすれば選挙《せんきょ》カーで名前《なまえ》を連呼《れんこ》しなくても票《ひょう》が集《あつ》まります。選挙《せんきょ》の費用《ひよう》は、推《すい》せんする人《ひと》が少《すこ》しずつ持《も》ち寄《よ》ったお金《かね》を使《つか》います。房枝自身《ふさえじしん》、1953年《ねん》に参議院議員《さんぎいんぎいん》に初《はじ》めて立候補《りっこうほ》した際《さい》、大《おお》がかりな選挙活動《せんきょかつどう》をすることなく当選《とうせん》しました。

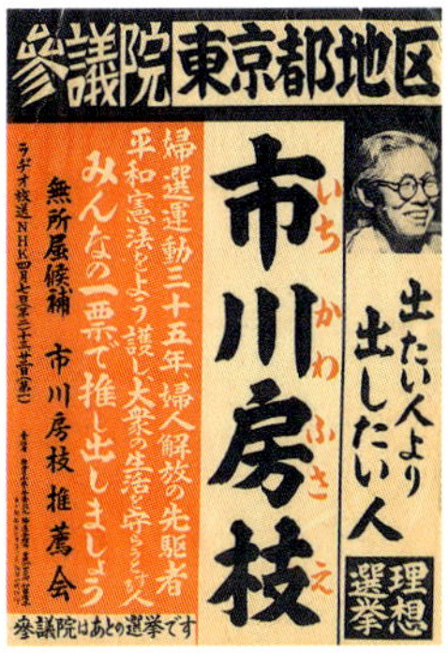

「出《で》たい人《ひと》より出《だ》したい人《ひと》」という考《かんが》えに賛同《さんどう》し、房枝《ふさえ》を支持《しじ》する人《ひと》たちがつくった選挙《せんきょ》ポスター。

奥《おく》むめお

婦人運動家《ふじんうんどうか》・政治家《せいじか》　●1895-1997年《ねん》／日本《にほん》(福井出身《ふくいしゅっしん》)

主婦《しゅふ》の力《ちから》を引《ひ》き出《だ》して
社会《しゃかい》のあり方《かた》を変《か》えていった運動家《うんどうか》

講演会《こうえんかい》のひかえ室《しつ》で子《こ》どもをだくむめお。働《はたら》く女性《じょせい》のために保育所《ほいくしょ》の必要性《ひつようせい》を強《つよ》く感《かん》じ、託児所《たくじしょ》を設立《せつりつ》。全国《ぜんこく》にも設立《せつりつ》をよびかけた。

私《わたし》たちの運動《うんどう》は婦人大衆《ふじんたいしゅう》の要望《ようぼう》を満《み》たすものではなかったと知《し》った

(出典《しゅってん》：『私《わたし》の履歴書《りれきしょ》 第《だい》6集《しゅう》』日本経済新聞出版社《にほんけいざいしんぶんしゅっぱんしゃ》)

むめおは、1922年《ねん》に女性《じょせい》も政治活動《せいじかつどう》をしてよいという権利《けんり》を勝《か》ちとります。しかし、妻《つま》や母《はは》といった役割《やくわり》を負《お》っている女性《じょせい》の現実《げんじつ》のなやみを解決《かいけつ》するには、生活《せいかつ》を向上《こうじょう》させることが必要《ひつよう》だと痛感《つうかん》し、新《あら》たな活動《かつどう》を始《はじ》めました。

理想《りそう》より生活《せいかつ》に結《むす》びついた行動《こうどう》を大切《たいせつ》にした

病身《びょうしん》の母《はは》に代《か》わって、家事《かじ》を行《おこな》う少女時代《しょうじょじだい》をすごしました。大学卒業後《だいがくそつぎょうご》、社会問題《しゃかいもんだい》に関《かか》わるようになり、23歳《さい》の時《とき》、工員《こういん》の生活《せいかつ》を体験《たいけん》するため工場《こうじょう》に就職《しゅうしょく》し、体験記事《たいけんきじ》を発表《はっぴょう》しました。結婚《けっこん》し主婦《しゅふ》となりますが、平塚《ひらつか》らいてう《(ちょう)》(→p.28)にさそわれて、育児《いくじ》をしながら婦人参政権運動《ふじんさんせいけんうんどう》に参加《さんか》します。雑誌《ざっし》『職業婦人《しょくぎょうふじん》』を27歳《さい》で創刊《そうかん》。商品《しょうひん》を共同《きょうどう》で購入《こうにゅう》する消費組合《しょうひくみあい》をつくったり、暮《く》らしに困《こま》っている人《ひと》の生活支《せいかつし》えんを行《おこな》ったりしました。1947年《ねん》には「台所《だいどころ》の声《こえ》を政治《せいじ》へ」と参議院議員《さんぎいんぎいん》に。主婦連合会《しゅふれんごうかい》を組織《そしき》し、商品《しょうひん》テストを行《おこな》うなど、主婦《しゅふ》の視点《してん》で家庭生活《かていせいかつ》の向上《こうじょう》のための活動《かつどう》を続《つづ》けました。

加藤《かとう》シヅエ

婦人運動家《ふじんうんどうか》・政治家《せいじか》　●1897-2001年《ねん》／日本《にほん》(東京出身《とうきょうしゅっしん》)

産《う》むか、産《う》まないかは女性《じょせい》が決《き》める
性《せい》の問題《もんだい》にいち早《はや》く取《と》り組《く》んだパイオニア

シヅエは「自立《じりつ》の道《みち》を得《え》るには今《いま》しかない」と決断《けつだん》し、幼《おさな》い子どもを日本《にほん》に残《のこ》してアメリカへわたった。

こんなの見《み》たら何《なん》とかしてあげたい、やるしかないと思《おも》いました

(出典《しゅってん》：森《もり》まゆみ『恋《こい》は決断力《けつだんりょく》』講談社《こうだんしゃ》)

シヅエが目《め》にした炭鉱《たんこう》では、妊娠中《にんしんちゅう》の女性《じょせい》も男性《だんせい》と同《おな》じように働《はたら》いていました。その上《うえ》、女性《じょせい》は家事《かじ》や育児《いくじ》にも追《お》われます。望《のぞ》まない妊娠《にんしん》・出産《しゅっさん》をすることも多《おお》く、無理《むり》な生活《せいかつ》から体《からだ》をこわす女性《じょせい》も大勢《おおぜい》いました。

行動力《こうどうりょく》は人一倍《ひといちばい》、おじょうさん育《そだ》ちの活動家《かつどうか》

裕福《ゆうふく》で自由《じゆう》な気風《きふう》の家庭《かてい》に育《そだ》ち、17歳《さい》で結婚《けっこん》。夫《おっと》の赴任地《ふにんち》の炭鉱《たんこう》で、労働者《ろうどうしゃ》のひさんな生活《せいかつ》を目《ま》の当《あ》たりにしました。22歳《さい》の時《とき》、子《こ》どもを実家《じっか》にあずけて夫《おっと》とともにアメリカに留学《りゅうがく》。そこで、望《のぞ》まない出産《しゅっさん》をさける運動《うんどう》を行《おこな》うマーガレット・サンガーと出会《であ》います。帰国後《きこくご》、日本産児調節研究会《にほんさんじちょうせつけんきゅうかい》を設立《せつりつ》して、女性自身《じょせいじしん》が妊娠《にんしん》・出産《しゅっさん》を選択《せんたく》できるよう知識《ちしき》を広《ひろ》めました。第二次世界大戦後《だいにじせかいたいせんご》は衆議院議員選挙《しゅうぎいんぎいんせんきょ》で当選《とうせん》し、日本初《にほんはつ》の女性国会議員《じょせいこっかいぎいん》の1人《ひとり》となって、売春防止法《ばいしゅんぼうしほう》の制定《せいてい》に関《かか》わります。女性《じょせい》の人生《じんせい》に大《おお》きくえいきょうする妊娠《にんしん》・出産《しゅっさん》・性《せい》の問題《もんだい》に熱意《ねつい》をかたむけました。

教育者《きょういくしゃ》・政治家《せいじか》・婦人運動家《ふじんうんどうか》 1889-1966年《ねん》／日本《にほん》(奈良出身《ならしゅっしん》)

河《かわ》崎《さき》なつ

教育者《きょういくしゃ》から政治家《せいじか》へ
働《はたら》く女性《じょせい》と子《こ》どもの未来《みらい》を守《まも》りたい

なつは、読売新聞《よみうりしんぶん》で身上相談《みのうえそうだん》のコーナーを担当《たんとう》した。親身《しんみ》になって答《こた》えてくれるなつの回答《かいとう》は、とても人気《にんき》だった。

母親《ははおや》がかわれば社会《しゃかい》がかわる

(出典《しゅってん》：森《もり》まゆみ『明治快女伝《めいじかいじょでん》』文藝春秋《ぶんげいしゅんじゅう》)

アメリカがビキニ環礁《かんしょう》で水爆実験《すいばくじっけん》を行《おこな》った事件《じけん》をきっかけに、1955年《ねん》に原水爆実験禁止《げんすいばくじっけんきんし》をうったえる日本母親大会《にほんははおやたいかい》が開《ひら》かれました。なつは事務《じむ》局長《きょくちょう》となり、母親《ははおや》が自発的《じはつてき》に行動《こうどう》して子《こ》どもたちの未来《みらい》を守《まも》ろうとよびかけました。

多《おお》くの婦人運動《ふじんうんどう》に精力的《せいりょくてき》に参加《さんか》

東京女子高等師範学校《とうきょうじょしこうとうしはんがっこう》を卒業《そつぎょう》したなつは、小学校《しょうがっこう》、高等学校《こうとうがっこう》、大学《だいがく》などで教《おし》えました。とくに大正時代《たいしょうじだい》としてはめずらしかった、自由《じゆう》な文体《ぶんたい》やテーマでの作文指導《さくぶんしどう》を行《おこな》います。1921年《ねん》には、与謝野晶子《よさのあきこ》らと文化学院《ぶんかがくいん》（東《とう》京《きょう》の専門学校《せんもんがっこう》）の創立《そうりつ》にたずさわり、文化《ぶんか》や芸術《げいじゅつ》を重《おも》んじる自由主義的《じゆうしゅぎてき》な教育《きょういく》を行《おこな》います。市川房枝《いちかわふさえ》（→p.36）、加藤《かとう》シヅエ（→p.38）らの婦人参政《ふじんさんせい》権《けん》を獲得《かくとく》する運動《うんどう》にも加《くわ》わり、戦後《せんご》の1947年《ねん》に参議院議員《さんぎいんぎいん》となって、働《はたら》く女性《じょせい》を守《まも》る母性保護《ぼせいほご》の運動《うんどう》などに取《と》り組《く》みました。

国連官僚《こくれんかんりょう》 1927年《ねん》-／日本《にほん》(東京出身《とうきょうしゅっしん》)

緒《お》方《がた》貞《さだ》子《こ》

命《いのち》を守《まも》るために
ゆるぎない信念《しんねん》で人《ひと》を動《うご》かす

紛争地《ふんそうち》を自《みずか》ら訪問《ほうもん》する貞子《さだこ》。

いいから、やりなさい

(出典《しゅってん》：池上彰《いけがみあきら》『世界《せかい》を変《か》えた10人《にん》の女性《じょせい》』文藝春秋《ぶんげいしゅんじゅう》)

クルド人《じん》は中東《ちゅうとう》の複数《ふくすう》の国《くに》にいますが、どの国《くに》でも民族《みんぞく》のちがいから安《あん》心《しん》して暮《く》らせません。貞子《さだこ》が最初《さいしょ》に取《と》り組《く》んだイラク国内《こくない》のクルド人救済《じんきゅうさい》も、最初《さいしょ》は国連《こくれん》があつかう問題《もんだい》ではないとされていました。

前例《ぜんれい》なんて関係《かんけい》ない、やれることをとにかくやる

外交官《がいこうかん》だった父親《ちちおや》とともに、11歳《さい》までアメリカと中国《ちゅうごく》ですごしました。日本《にほん》の大学《だいがく》を卒業後《そつぎょうご》、アメリカで国際政治学《こくさいせいじがく》を学《まな》びます。帰国後《きこくご》、国際基《こくさいきり》督教大学《すときょうだいがく》や上智大学《じょうちだいがく》で教《おし》え、1976年《ねん》に日本女性初《にほんじょせいはつ》の国連公使《こくれんこうし》、1978年《ねん》にはユニセフ執行理事会議長《しっこうりじかいぎちょう》に就任《しゅうにん》。1991年《ねん》に63歳《さい》で国連難民高等弁務官《こくれんなんみんこうとうべんむかん》になり、すぐに直面《ちょくめん》したのが、中東《ちゅうとう》のクルド人難民《じんなんみん》*の問題《もんだい》です。人命《じんめい》を救《すく》うことをいちばんに考《かんが》えた貞子《さだこ》は、救《きゅう》えん物資《ぶっし》の大規模《だいきぼ》な空輸《くうゆ》など、現《げん》実的《じつてき》な難民救済《なんみんきゅうさい》の体制《たいせい》を整《ととの》えました。各地《かくち》の紛争地《ふんそうち》に出《で》かけていく貞子《さだこ》は、「小《ちい》さな巨人《きょじん》」とよばれました。自分《じぶん》の子《こ》どもに「サダコ」と名《な》づけて、感謝《かんしゃ》を示《しめ》す難民《なんみん》も大勢《おおぜい》います。

＊難民《なんみん》…人種《じんしゅ》や宗教《しゅうきょう》、政治的《せいじてき》な理由《りゆう》などで国《くに》から迫害《はくがい》を受《う》け、国外《こくがい》へ助《たす》けを求《もと》めて避難《ひなん》する人々《ひとびと》。国境《こっきょう》をこえられず国内《こくない》にとどまる避難《ひなん》民《みん》は、難民《なんみん》として認《みと》められないため、えん助《じょ》が受《う》けにくい状態《じょうたい》にある。

アウンサンスーチー

民主化運動指導者《みんしゅかうんどうしどうしゃ》・政治家《せいじか》　1945年《ねん》-／ミャンマー

暴力《ぼうりょく》を使《つか》わずに戦《たたか》う 民主化運動《みんしゅかうんどう》の国民的《こくみんてき》リーダー

国民《こくみん》のために戦《たたか》い続《つづ》けるアウンサンスーチー。

将来《しょうらい》もし祖国《そこく》が私《わたし》を必要《ひつよう》とすることがあれば、私《わたし》が祖国《そこく》に戻《もど》ることを許《ゆる》してください

（出典《しゅってん》：池上彰《いけがみあきら》『世界《せかい》を変《か》えた10人《にん》の女性《じょせい》』文藝春秋《ぶんげいしゅんじゅう》）

遠《とお》くはなれてイギリスで暮《く》らす夫《おっと》が、病《やまい》におかされます。しかし、アウンサンスーチーは夫《おっと》の最期《さいご》に立《た》ち会《あ》うことよりも、祖国《そこく》で民衆《みんしゅう》とともにいることを選《えら》びました。

民衆《みんしゅう》の希望《きぼう》の星《ほし》として祖国《そこく》にとどまった

アウンサンスーチーは、ミャンマーを植民地《しょくみんち》にしていたイギリスと戦《たたか》い、独立《どくりつ》の直前《ちょくぜん》に暗殺《あんさつ》された「建国《けんこく》の父《ちち》」アウンサン将軍《しょうぐん》の長女《ちょうじょ》です。19歳《さい》でイギリスにわたってオックスフォード大学《だいがく》で学《まな》び、ニューヨークの国連《こくれん》本部《ほんぶ》で働《はたら》きますが、再《ふたた》びイギリスにもどってイギリス人《じん》の男性《だんせい》と結婚《けっこん》します。

そのころのミャンマーは、軍事政権《ぐんじせいけん》による社会主義国《しゃかいしゅぎこく》でした。1988年《ねん》に軍事政権《ぐんじせいけん》の独裁《どくさい》に反対《はんたい》する人々《ひとびと》が民主化要求《みんしゅかようきゅう》デモを起《お》こすと、たまたま帰国《きこく》していたアウンサンスーチーは、民主化運動《みんしゅかうんどう》の指導者《しどうしゃ》となりました。軍《ぐん》によって何度《なんど》も自宅軟禁《じたくなんきん》させられますが、「非暴力《ひぼうりょく》、不服従《ふふくじゅう》」をつらぬき、1991年《ねん》にノーベル平和賞《へいわしょう》を受賞《じゅしょう》します。しかし、軟禁《なんきん》は続《つづ》きました。

2011年《ねん》に大統領《だいとうりょう》となったテインセインが、軍《ぐん》の出身《しゅっしん》でありながら民主化政策《みんしゅかせいさく》を打《う》ち出《だ》し、軟禁《なんきん》を解《と》きます。その後《ご》の選挙《せんきょ》でアウンサンスーチーは国会議員《こっかいぎいん》に当選《とうせん》。2015年《ねん》の国会議員《こっかいぎいん》の選挙《せんきょ》では、アウンサンスーチーの率《ひき》いる国民民主連盟《こくみんみんしゅれんめい》が、議席《ぎせき》の約《やく》8割《わり》を獲得《かくとく》して圧勝《あっしょう》しました。

ミャンマーの歴史《れきし》

1886年《ねん》にイギリスの植民地《しょくみんち》となり、1930年前後《ねんぜんご》から独立運動《どくりつうんどう》が始《はじ》まりました。1948年《ねん》にビルマ連邦共和国《れんぽうきょうわこく》として独立《どくりつ》を果《は》たしますが、軍《ぐん》による独裁的《どくさいてき》な政治《せいじ》が行《おこな》われます。1988年《ねん》から、アウンサンスーチーを指導者《しどうしゃ》とした民主化運動《みんしゅかうんどう》によって、軍《ぐん》の支配《しはい》がじょじょに弱《よわ》まり、民主化《みんしゅか》が進《すす》められています。1989年《ねん》に国名《こくめい》がビルマからミャンマーに変更《へんこう》されました。

2歳《さい》 父《ちち》の死《し》

ミャンマーの独立《どくりつ》を指導《しどう》していたアウンサン将軍《しょうぐん》ですが、家《いえ》に帰《かえ》れば子《こ》どもをかわいがる父親《ちちおや》でした。独立《どくりつ》の6か月前《げつまえ》、アウンサンにかわってリーダーとなろうとした者《もの》によって、アウンサンは暗殺《あんさつ》されます。まだ32歳《さい》と若《わか》く、その死《し》を大勢《おおぜい》の人《ひと》がいたみました。未亡人《みぼうじん》となったアウンサンスーチーの母《はは》・キンチーは、自《みずか》らが表舞台《おもてぶたい》に立《た》つことを選《えら》んで国《こっ》会議員《かいぎいん》となり、ミャンマーの女性《じょせい》の地位向上《ちいこうじょう》を願《ねが》って各地《かくち》を回《まわ》りました。

アウンサン将軍《しょうぐん》と日本《にほん》

第二次世界大戦《だいにじせかいたいせん》の直前《ちょくぜん》、日本軍《にほんぐん》は、独《どく》立運動《りつうんどう》を率《ひき》いていたアウンサン将軍《しょうぐん》にえん助《じょ》を申《もう》し出《で》ます。アウンサンらは日本軍《にほんぐん》の軍事訓練《ぐんじくんれん》を受《う》け、ともに戦《たたか》ってイギリスを追《お》い出《だ》しました。しかし、日本《にほん》のねらいはミャンマー人《じん》の独立政《どくりつせい》府《ふ》をたてることではなく、日本《にほん》がミャンマーを治《おさ》めることであったため、アウンサンらは、今度《こんど》は日本軍《にほんぐん》に対《たい》して抵抗運動《ていこううんどう》を行《おこな》いました。ミャンマーが真《しん》の独立《どくりつ》を獲得《かくとく》したのは、第二次世《だいにじせ》界大戦後《かいたいせんご》の1948年《ねん》です。

アウンサン将軍《しょうぐん》。

15~19歳《さい》 インドですごす

15歳《さい》の時《とき》、母《はは》のキンチーがインド大使《たいし》に任命《にんめい》されます。アウンサンスーチーも母《はは》とともにインドのデリーで暮《く》らし、女学校《じょがっこう》で学《まな》びました。この時《とき》、インド独立《どくりつ》の父《ちち》であるガンディーの「非暴力《ひぼうりょく》、不服従《ふふくじゅう》」の精神《せいしん》にふれたことが、後《のち》の武力《ぶりょく》を使《つか》わない抵抗運動《ていこううんどう》につながります。16歳《さい》の時《とき》、軍事《ぐんじ》クーデターが起《お》こり、祖国《そこく》ミャンマーは独裁的《どくさいてき》な社会主義国《しゃかいしゅぎこく》となりました。

27歳《さい》 おだやかな結婚生活《けっこんせいかつ》へ

チベットの研究《けんきゅう》をしていたイギリス人《じん》のマイケル・アリスと結婚《けっこん》します。2人《ふたり》の男《おとこ》の子《こ》を産《う》み、アウンサンスーチーは、妻《つま》や母《はは》として年月《ねんげつ》をすごします。しかし、その間《あいだ》も、もっと勉強《べんきょう》したい、もっと祖国《そこく》につくしたいと願《ねが》い続《つづ》けていました。40歳《さい》の時《とき》、日《に》本政府《ほんせいふ》に招《まね》かれ、1年間《ねんかん》、京都大学《きょうとだいがく》で父親《ちちおや》のアウンサンについて研究《けんきゅう》をしました。

43歳《さい》 民主化《みんしゅか》のリーダーに

イギリスで暮《く》らしていたアウンサンスーチーは、1988年《ねん》3月《がつ》、母親《ははおや》の危《き》とくを知《し》らされてミャンマーにもどります。そのころミャンマーでは学生《がくせい》たちを中心《ちゅうしん》に、民主化《みんしゅか》を求《もと》めるデモが行《おこな》われていました。「建《けん》国《こく》の父《ちち》」の娘《むすめ》の帰国《きこく》を知《し》った人々《ひとびと》は、協力《きょうりょく》を求《もと》めます。8月《がつ》、アウンサンスーチーは50万人《まんにん》の民衆《みんしゅう》を前《まえ》に立《た》ち、民主主義《みんしゅしゅぎ》こそ尊《とうと》いと述《の》べ、複数《ふくすう》の政党《せいとう》による政治《せいじ》を求《もと》める内《ない》容《よう》の演説《えんぜつ》を行《おこな》いました。

1988年《ねん》、ミャンマーにもどり演説《えんぜつ》をするアウンサンスーチー。

家族《かぞく》と祖国《そこく》、苦渋《くじゅう》の決断《けつだん》

夫《おっと》のマイケルと子《こ》どもたちは、イギリスに残《のこ》っていました。マイケルは何《なん》度《ど》もミャンマーへの入国《にゅうこく》を申請《しんせい》しますが通《とお》りません。やがてマイケルはがんにおかされますが、アウンサンスーチーはミャンマーから出《で》ることはしませんでした。一度国《いちどくに》を出《で》たらもどれない可能性《かのうせい》が高《たか》いためです。イギリスで別《わか》れてから11年《ねん》、再会《さいかい》することなくマイケルは亡《な》くなりました。

マーガレット・サッチャー

政治家《せいじか》　●1925-2013年《ねん》／イギリス

きらわれたってかまわない 強《つよ》い意志《いし》をもつ「鉄《てつ》の女《おんな》」

50歳《さい》ごろのマーガレット。

人気《にんき》があるかどうかは関係《かんけい》ありません。そうするのが正《ただ》しいかどうかが問題《もんだい》なのです！

（出典《しゅってん》：『マーガレット・サッチャー（ちくま評伝《ひょうでん》シリーズ ポルトレ）』筑摩書房《ちくましょぼう》）

　教育科学大臣《きょういくかがくだいじん》だったマーガレットは、7歳《さい》から11歳《さい》の子《こ》どもに無料《むりょう》で配《くば》られていたミルクを廃止《はいし》しました。「ミルクどろぼう」とよばれましたが、その予算《よさん》を使《つか》って無料《むりょう》の保育園《ほいくえん》を増《ふ》やし、17歳《さい》までの無料《むりょう》の教育制度《きょういくせいど》を設《もう》けました。

愛《あい》する祖国《そこく》だからこそ厳《きび》しい改革《かいかく》を断行《だんこう》

　商店《しょうてん》を営《いとな》む勤勉《きんべん》な両親《りょうしん》に育《そだ》てられ、大学卒業後《だいがくそつぎょうご》、弁護士《べんごし》資格《しかく》を取得《しゅとく》します。在学中《ざいがくちゅう》から保守党《ほしゅとう》の一員《いちいん》となり、1959年《ねん》に下院議員《かいんぎいん》になると、教育科学大臣《きょういくかがくだいじん》や保守党党首《ほしゅとうとうしゅ》を経《へ》て、1979年《ねん》にイギリス初《はつ》の女性首相《じょせいしゅしょう》となりました。当時《とうじ》のイギリスでは、労働者《ろうどうしゃ》は手厚《てあつ》く保護《ほご》され、あまり働《はたら》かなくてもある程度《ていど》の生活《せいかつ》ができており、それが経済停《けいざいてい》たいの原因《げんいん》となっていました。マーガレットは「鉄《てつ》の女《おんな》」とよばれながらも、従来《じゅうらい》の権利《けんり》を守《まも》ろうとする労働組合《ろうどうくみあい》とわたり合《あ》い、国営企業《こくえいきぎょう》の民営化《みんえいか》を行《おこな》うなどして、国《くに》の経済《けいざい》を立《た》て直《なお》しました。

高橋展子《たかはしのぶこ》

官僚《かんりょう》　●1916-1990年《ねん》／日本《にほん》

　中国《ちゅうごく》に生《う》まれ、女性《じょせい》の自立《じりつ》を問《と》いかけたイプセンの『人形《にんぎょう》の家《いえ》』などを読《よ》んで影響《えいきょう》を受《う》けた展子《のぶこ》は、東京女子大学《とうきょうじょしだいがく》で英語《えいご》を学《まな》びます。その後《ご》、第二次世界大戦《だいにじせかいたいせん》で夫《おっと》を亡《な》くすと、英語《えいご》を生《い》かしてGHQ《ジーエイチキュー》(→p.22)で働《はたら》き、女性《じょせい》や労働者《ろうどうしゃ》の問題《もんだい》に関《かか》わります。その後《ご》、労働省《ろうどうしょう》を経《へ》て、ILO《アイエルオー》（国際労働機関《こくさいろうどうきかん》）に勤務《きんむ》、1980年《ねん》に日本初《にほんはつ》の女性大使《じょせいたいし》としてデンマークに駐在《ちゅうざい》し、同年《どうねん》、「女子《じょし》に対《たい》するあらゆる形態《けいたい》の差別《さべつ》の撤廃《てっぱい》に関《かん》する条約《じょうやく》」に日本《にほん》を代表《だいひょう》して署名《しょめい》しました。

土井《どい》たか子《こ》

政治家《せいじか》　●1928-2014年《ねん》／日本《にほん》（兵庫出身《ひょうごしゅっしん》）

　憲法学者《けんぽうがくしゃ》・田畑忍《たばたしのぶ》の憲法《けんぽう》9条《じょう》についての講演《こうえん》を聞《き》いて、同志社大学法学部《どうししゃだいがくほうがくぶ》に進《すす》み、法律《ほうりつ》を学《まな》びます。大学院卒業後《だいがくいんそつぎょうご》は、大学《だいがく》で憲法学《けんぽうがく》の講師《こうし》を務《つと》めました。「憲法《けんぽう》から政治《せいじ》がはなれていく」ことを止《と》めたいと思《おも》い、日本社会党《にほんしゃかいとう》（現在《げんざい》の社会民主党《しゃかいみんしゅとう》）から出馬《しゅつば》し、1969年《ねん》の衆議院議員選挙《しゅうぎいんぎいんせんきょ》で当選《とうせん》。1986年《ねん》には女性《じょせい》初《はつ》の党首《とうしゅ》となります。1993年《ねん》には、やはり女性初《じょせいはつ》の衆議院《しゅうぎいん》の議長《ぎちょう》になりました。いつも憲法《けんぽう》を守《まも》る立場《たちば》で政治《せいじ》を行《おこな》い、今《いま》まで女性《じょせい》が務《つと》めたことのない要職《ようしょく》につくことで、女性政治家《じょせいせいじか》の道《みち》を切《き》りひらきました。

ワンガリ・マータイ

環境保護運動家《かんきょうほごうんどうか》・政治家《せいじか》　●1940-2011年《ねん》／ケニア

　奨学金《しょうがくきん》でアメリカの大学《だいがく》で学《まな》び、帰国後《きこくご》、ナイロビ大学《だいがく》で博士号《はくしごう》を取得《しゅとく》しました。1969年《ねん》に結婚《けっこん》しますが、当時《とうじ》のケニアでは、女性《じょせい》は男性《だんせい》に従《したが》うべきという考《かんが》えが強《つよ》く、高学歴《こうがくれき》な妻《つま》をねたんだ夫《おっと》が裁判《さいばん》を起《お》こし、離婚《りこん》させられます。そのような経験《けいけん》から、砂漠化《さばくか》を防《ふせ》ぐグリーンベルト運動《うんどう》を始《はじ》めた時《とき》、自立《じりつ》する女性《じょせい》を増《ふ》やしたいと願《ねが》い、貧《まず》しい女性《じょせい》を動員《どういん》しました。自然保護《しぜんほご》だけではなく、女性《じょせい》の地位向上《ちいこうじょう》も目指《めざ》すこの運動《うんどう》は、国《くに》からやめるよう弾圧《だんあつ》を受《う》けますが、「環境《かんきょう》を守《まも》り、資源《しげん》をめぐる争《あらそ》いがなくなれば平和《へいわ》を守《まも》れる」という信念《しんねん》のもと続《つづ》けられました。

中田正子《なかたまさこ》

弁護士《べんごし》　1910-2002年《ねん》／日本《にほん》(東京出身《とうきょうしゅっしん》)

法律《ほうりつ》の魅力《みりょく》にみせられて
日本《にほん》で初《はじ》めての女性弁護士《じょせいべんごし》

法服姿《ほうふくすがた》の正子《まさこ》。女性弁護士《じょせいべんごし》の誕生《たんじょう》は、新聞《しんぶん》でも大《おお》きく取《と》り上《あ》げられた。

女性《じょせい》を護《まも》りたい

(出典《しゅってん》:『日本初《にほんはつ》の女性弁護士中田正子《じょせいべんごしなかたまさこ》』鳥取市歴史博物館《とっとりしれきしはくぶつかん》)

日本《にほん》の法律《ほうりつ》は女性《じょせい》には不利《ふり》にできていると感《かん》じた正子《まさこ》は、「弱《よわ》い女性《じょせい》の人権《じんけん》を守《まも》ること」を第一《だいいち》に考《かんが》えて弁護士《べんごし》の仕事《しごと》を選《えら》びました。

弱《よわ》い立場《たちば》の女性《じょせい》を法律《ほうりつ》の力《ちから》で親身《しんみ》になって助《たす》けた

正子《まさこ》が通《かよ》っていた専門学校《せんもんがっこう》では、校長《こうちょう》の新渡戸稲造《にとべいなぞう》の方針《ほうしん》で、経済《けいざい》や法律《ほうりつ》の授業《じゅぎょう》が行《おこな》われていました。そこで社会《しゃかい》や法律《ほうりつ》に興味《きょうみ》をもちます。当時《とうじ》はまだ、女性《じょせい》が弁護士《べんごし》資格《しかく》をとることができませんでしたが、正子《まさこ》は日本大学法学部《にほんだいがくほうがくぶ》に進学《しんがく》します。しかし、正式《せいしき》な入学《にゅうがく》は認《みと》められず、学問《がくもん》を修《おさ》めても大学《だいがく》を卒業《そつぎょう》したという資格《しかく》はもらえませんでした。1933年《ねん》に法律《ほうりつ》が改正《かいせい》され、女性《じょせい》でも弁護士《べんごし》になれるようになると、正子《まさこ》は24歳《さい》になっていましたが、明治大学女子部法科《めいじだいがくじょしぶほうか》に編入《へんにゅう》。1938年《ねん》、正子《まさこ》をふくめた3人《にん》の女性《じょせい》が、日本《にほん》で初《はじ》めて司法《しほう》試験《しけん》に合格《ごうかく》し、1940年《ねん》に正式《せいしき》に弁護士《べんごし》になります。

当時《とうじ》は、女性《じょせい》には選挙権《せんきょけん》がない時代《じだい》です。正子《まさこ》が雑誌《ざっし》『主婦之友《しゅふのとも》』で法律相談《ほうりつそうだん》の連載《れんさい》を始《はじ》めると、男女差別《だんじょさべつ》や離婚問題《りこんもんだい》などに苦《くる》しむ女性《じょせい》から、たくさんの相談《そうだん》が寄《よ》せられました。1950年《ねん》に夫《おっと》の故郷《こきょう》の鳥取県《とっとりけん》で法律事務所《ほうりつじむしょ》を開業《かいぎょう》。経済的《けいざいてき》に苦《くる》しい人《ひと》からは、弁護費用《べんごひよう》を受《う》け取《と》らないこともたびたびありました。「弁護士《べんごし》の道《みち》に終着《しゅうちゃく》はない」と語《かた》り、80歳《さい》をすぎても弁護士《べんごし》の仕事《しごと》を続《つづ》けました。

弁護士《べんごし》の活動《かつどう》を始《はじ》めたころの正子《まさこ》。

歴史年表《れきしねんぴょう》（経済《けいざい》・教育《きょういく》・社会分野《しゃかいぶんや》を中心《ちゅうしん》に）

日本《にほん》のおもなできごと

時代《じだい》	年	日本《にほん》のおもなできごと
明治《めいじ》	一九一一	平塚《ひらつか》らいてう（p28）、文芸誌《ぶんげいし》『青鞜《せいとう》』を創刊《そうかん》
	一九一〇	韓国併合《かんこくへいごう》
	一九〇四	日露戦争《にちろせんそう》（～一九〇五）
	一九〇三	羽仁《はに》もと子《こ》（p34）、雑誌《ざっし》『家庭之友《かていのとも》』を創刊《そうかん》
	一九〇一	相馬黒光《そうまこっこう》（p6）、パン屋《や》「中村屋《なかむらや》」を創業《そうぎょう》 ●日本女子大学校創立《にほんじょしだいがっこうそうりつ》 八幡製鉄所操業開始《やはたせいてつじょそうぎょうかいし》
	一九〇〇	津田梅子《つだうめこ》（p12）、女子英学塾《じょしえいがくじゅく》を開校《かいこう》
	一八九九	下田歌子《しもだうたこ》（p10）、実践女学校《じっせんじょがっこう》を開校《かいこう》
	一八九四	日清戦争《にっしんせんそう》（～一八九五）
	一八九〇	矢嶋楫子《やじまかじこ》（p16）、女子学院《じょしがくいん》の校長《こうちょう》に就任《しゅうにん》 第一回帝国議会《だいいっかいていこくぎかい》
	一八八九	大日本帝国憲法発布《だいにほんていこくけんぽうはっぷ》／東海道線《とうかいどうせん》が全線開通《ぜんせんかいつう》（新橋《しんばし》～神戸間《こうべかん》）
	一八八五	●華族女学校創立《かぞくじょがっこうそうりつ》
	一八八三	●鹿鳴館《ろくめいかん》が完成《かんせい》
	一八七七	西南戦争《せいなんせんそう》
	一八七五	跡見花蹊《あとみかけい》（p17）、跡見学校《あとみがっこう》を開校《かいこう》
	一八七四	●民撰議院設立建白書《みんせんぎいんせつりつけんぱくしょ》／自由民権運動《じゆうみんけんうんどう》が始《はじ》まる
	一八七二	●福沢諭吉《ふくざわゆきち》、『学問《がくもん》のすゝめ』を著《あらわ》す ●学制公布《がくせいこうふ》
	一八七一	津田梅子《つだうめこ》（p12）ら、日本初《にほんはつ》の女子留学生《じょしりゅうがくせい》としてアメリカへわたる 廃藩置県《はいはんちけん》
	一八六八	●明治維新《めいじいしん》／戊辰戦争《ぼしんせんそう》（～一八六九）
江戸《えど》	一八六七	大政奉還《たいせいほうかん》
	一八五八	安政《あんせい》の大獄《たいごく》（～一八五九） 日米修好通商条約《にちべいしゅうこうつうしょうじょうやく》／開国《かいこく》へ
	一八五四	日米和親条約《にちべいわしんじょうやく》
	一八五三	ペリーが浦賀《うらが》に来航《らいこう》
	一七七四	杉田玄白《すぎたげんぱく》ら、『解体新書《かいたいしんしょ》』を出版《しゅっぱん》
	一六三九	鎖国《さこく》の完成《かんせい》

世界《せかい》のおもなできごと

年	世界《せかい》のおもなできごと
一九一一	中国《ちゅうごく》で辛亥革命《しんがいかくめい》
一九〇七	マリア・モンテッソーリ（p19）、「子《こ》どもの家《いえ》」を開設《かいせつ》し独自《どくじ》の教育法《きょういくほう》を確立《かくりつ》
一九〇三	ライト兄弟《きょうだい》が動力飛行《どうりょくひこう》に成功《せいこう》
一八九六	ベクレル、放射能《ほうしゃのう》を発見《はっけん》 第一回近代《だいいっかいきんだい》オリンピック（アテネ）
一八九五	レントゲン、X線《エックスせん》を発見《はっけん》
一八九三	●ニュージーランドで女性参政権《じょせいさんせいけん》が世界《せかい》で初《はじ》めて認《みと》められる
一八八七	ヘレン・ケラー（p25）、家庭教師《かていきょうし》のサリヴァン先生《せんせい》と出会《であ》う
一八七九	エジソンが電灯《でんとう》を実用化《じつようか》
一八七六	グラハム・ベルが電話機《でんわき》を発明《はつめい》
一八七一	ドイツ帝国成立《ていこくせいりつ》
一八六一	アメリカ南北戦争《なんぼくせんそう》（～一八六五）
一八五九	ダーウィン、『種《しゅ》の起源《きげん》』を著《あらわ》す
一七九二	●フランスで世界初《せかいはつ》の普通選挙《ふつうせんきょ》が実施《じっし》される
一七八九	フランス革命《かくめい》
一七八一	●ワット、蒸気機関《じょうききかん》を発明《はつめい》（産業革命《さんぎょうかくめい》が進《すす》む）

平成《へいせい》

二〇一一	東日本大震災《ひがしにほんだいしんさい》
一九九五	阪神《はんしん》・淡路《あわじ》大震災《だいしんさい》
一九九一	**緒方貞子《おがたさだこ》（p39）、国連難民高等弁務官《こくれんなんみんこうとうべんむかん》に就任《しゅうにん》**

昭和《しょうわ》

一九八六	**土井《どい》たか子《こ》（p42）、日本社会党《にほんしゃかいとう》の党首《とうしゅ》に就任《しゅうにん》**
一九八〇	**高橋展子《たかはしのぶこ》（p42）、日本女性《にほんじょせい》として初《はつ》の大使《たいし》となる**
一九七三	石油危機《せきゆきき》
一九七二	沖縄《おきなわ》が日本《にほん》に復帰《ふっき》／日中国交正常化《にっちゅうこっこうせいじょうか》
一九六四	オリンピック東京大会《とうきょうたいかい》
一九五六	国際連合《こくさいれんごう》に加盟《かめい》
一九五四	第五福竜丸《だいごふくりゅうまる》被爆《ひばく》
一九五三	テレビ放送開始《ほうそうかいし》
一九五一	サンフランシスコ平和条約《へいわじょうやく》／日米安全保障条約《にちべいあんぜんほしょうじょうやく》
一九四九	湯川秀樹《ゆかわひでき》、日本人初《にほんじんはつ》のノーベル賞受賞《しょうじゅしょう》
一九四八	**澤田美喜《さわだみき》（p20）、エリザベス・サンダース・ホームを開設《かいせつ》**
一九四七	●**教育基本法公布《きょういくきほんほうこうふ》**／学校教育《がっこうきょういく》は六《ろく》・三《さん》・三《さん》・四制《よんせい》に **加藤《かとう》シヅエ（p38）ら、日本女性《にほんじょせい》として初《はつ》の国会議員《こっかいぎいん》となる**
一九四六	日本国憲法公布《にほんこくけんぽうこうふ》 ●**財閥解体《ざいばつかいたい》／女性参政権《じょせいさんせいけん》が認《みと》められる**
一九四五	広島《ひろしま》・長崎《ながさき》に原子爆弾投下《げんしばくだんとうか》、終戦《しゅうせん》
一九四一	真珠湾攻撃《しんじゅわんこうげき》（太平洋戦争《たいへいようせんそう》の開始《かいし》）
一九四〇	**中田正子《なかたまさこ》（p43）ら、日本女性《にほんじょせい》として初《はつ》の弁護士《べんごし》となる**
一九三七	日中戦争《にっちゅうせんそう》（～一九四五）
一九三六	二《に》・二六事件《にろくじけん》
一九三三	国際連盟脱退《こくさいれんめいだったい》
一九三二	五《ご》・一五事件《いちごじけん》
一九三一	満州事変《まんしゅうじへん》

大正《たいしょう》

一九二五	●**普通選挙法制定《ふつうせんきょほうせいてい》**／ラジオ放送開始《ほうそうかいし》
一九二三	関東大震災《かんとうだいしんさい》
一九二〇	**平塚《ひらつか》らいてう（p28）ら、新婦人協会《しんふじんきょうかい》を設立《せつりつ》**
一九一八	米騒動《こめそうどう》／シベリア出兵《しゅっぺい》（～一九二二）
一九一四	第一次世界大戦《だいいちじせかいたいせん》に参戦《さんせん》
一九一二	**吉本《よしもと》せい（p9）、「文藝館《ぶんげいかん》」を買《か》い夫婦《ふうふ》で寄席経営《よせけいえい》を始《はじ》める**

二〇〇一	アメリカ同時多発《どうじたはつ》テロ
一九九一	湾岸戦争《わんがんせんそう》／ソヴィエト連邦解体《れんぽうかいたい》
一九八八	**アウンサンスーチー（p40）、ミャンマー民主化運動《みんしゅかうんどう》の指導者《しどうしゃ》になる**
一九七九	**マーガレット・サッチャー（p42）、イギリス初《はつ》の女性首相《じょせいしゅしょう》に就任《しゅうにん》**
一九七七	**ワンガリ・マータイ（p42）、グリーンベルト運動《うんどう》を始《はじ》める**
一九六八	核拡散防止条約《かくかくさんぼうしじょうやく》
一九六五	ベトナム戦争激化《せんそうげきか》
一九六三	**ベティ・フリーダン（p34）、『新《あたら》しい女性《じょせい》の創造《そうぞう》』を出版《しゅっぱん》**
一九五〇	**マザー・テレサ（p26）、「神《かみ》の愛《あい》の宣教者会《せんきょうしゃかい》」を設立《せつりつ》** 朝鮮戦争《ちょうせんせんそう》（～一九五三）
一九四九	中華人民共和国成立《ちゅうかじんみんきょうわこくせいりつ》
一九四七	インド独立《どくりつ》
一九四五	国際連合発足《こくさいれんごうほっそく》
一九三九	第二次世界大戦《だいにじせかいたいせん》（～一九四五）
一九三三	ドイツ、ナチス政権誕生《せいけんたんじょう》
一九二九	●**世界恐慌《せかいきょうこう》**
一九二〇	国際連盟発足《こくさいれんめいほっそく》
一九一七	ロシア革命《かくめい》（ロシア帝国崩壊《ていこくほうかい》、ソヴィエト連邦成立《れんぽうせいりつ》へ）
一九一四	第一次世界大戦《だいいちじせかいたいせん》（～一九一八）
一九一二	中華民国《ちゅうかみんこく》が成立《せいりつ》、清《しん》がほろびる

訪《たず》ねてみよう　博物館《はくぶつかん》・資料室《しりょうしつ》

本書《ほんしょ》に登場《とうじょう》した人物《じんぶつ》にゆかりの資料《しりょう》や写真《しゃしん》を所蔵《しょぞう》・展示《てんじ》している、日本国内《にほんこくない》の博物館《はくぶつかん》や資料室《しりょうしつ》です。
休館日《きゅうかんび》や開館時間《かいかんじかん》、入館料《にゅうかんりょう》などは変更《へんこう》になることがあるので、事前《じぜん》にホームページや電話《でんわ》で確認《かくにん》してからお出《で》かけください。

中村屋《なかむらや》サロン美術館《びじゅつかん》

中村屋《なかむらや》に集《あつ》まった芸術家《げいじゅつか》の作品《さくひん》を中心《ちゅうしん》に展示《てんじ》。

〒160-0022　東京都新宿区新宿《とうきょうとしんじゅくくしんじゅく》3-26-13新宿中村屋《しんじゅくなかむらや》ビル3階《かい》

☎03-5362-7508

㊡火曜《かよう》（火曜《かよう》が祝祭日《しゅくさいじつ》の場合《ばあい》は開館《かいかん》、翌日休館《よくじつきゅうかん》）、1月1日《がつついたち》

長崎歴史文化博物館《ながさきれきしぶんかはくぶつかん》

長崎貿易《ながさきぼうえき》などの関連資料《かんれんしりょう》を展示《てんじ》。大浦慶《おおうらけい》の関連資料《かんれんしりょう》を所蔵《しょぞう》。

〒850-0007　長崎県長崎市立山《ながさきけんながさきしたてやま》1-1-1

☎095-818-8366

グラバー園《えん》

旧《きゅう》オルト住宅《じゅうたく》など、外国人商人《がいこくじんしょうにん》などが住《す》んだ洋風建築《ようふうけんちく》がある。

〒850-0931　長崎県長崎市南山手町《ながさきけんながさきしみなみやまてまち》8-1

☎095-822-8223

㊡年中無休《ねんじゅうむきゅう》

実践女子大学《じっせんじょしだいがく》　香雪記念資料館《こうせつきねんしりょうかん》

下田歌子記念室《しもだうたこきねんしつ》にゆかりの品《しな》を展示《てんじ》。

〒150-8538　東京都渋谷区東《とうきょうとしぶやくひがし》1-1-49

☎03-6450-6805

㊡土《ど》・日曜《にちよう》・祝日《しゅくじつ》、大学休業期間《だいがくきゅうぎょうきかん》

津田塾大学《つだじゅくだいがく》　津田梅子資料室《つだうめこしりょうしつ》

津田梅子《つだうめこ》の関連資料《かんれんしりょう》などを展示《てんじ》。

〒187-8577　東京都小平市津田町《とうきょうとこだいらしつだちょう》2-1-1

☎042-342-5219

㊡土《ど》・日《にち》・祝日《しゅくじつ》、大学図書館《だいがくとしょかん》の休館日《きゅうかんび》に準《じゅん》ずる

跡見学園女子大学《あとみがくえんじょしだいがく》　花蹊記念資料館《かけいきねんしりょうかん》

跡見花蹊《あとみかけい》の関連資料《かんれんしりょう》を展示《てんじ》。

〒352-8501　埼玉県新座市中野《さいたまけんにいざしなかの》1-9-6

☎048-478-0130

㊡日曜《にちよう》・祝日《しゅくじつ》、展示替《てんじか》え期間《きかん》、大学休業日《だいがくきゅうぎょうび》

茨城県立歴史館《いばらきけんりつれきしかん》

黒澤止幾《くろさわとき》の関連資料《かんれんしりょう》を所蔵《しょぞう》。

〒310-0034　茨城県水戸市緑町《いばらきけんみとしみどりちょう》2-1-15

☎029-225-4425

㊡月曜《げつよう》（祝日《しゅくじつ》の場合《ばあい》はその翌日《よくじつ》）、年末年始《ねんまつねんし》

滝乃川学園《たきのかわがくえん》　石井亮一《いしいりょういち》・筆子記念館《ふでこきねんかん》

石井筆子《いしいふでこ》の関連資料《かんれんしりょう》を展示《てんじ》。

〒186-0011　東京都国立市谷保《とうきょうとくにたちしやほ》6312

☎042-573-3950

澤田美喜記念館《さわだみききねんかん》

澤田美喜《さわだみき》、隠《かく》れキリシタンの関連資料《かんれんしりょう》を展示《てんじ》。

〒255-0003　神奈川県中郡大磯町大磯《かながわけんなかぐんおおいそまちおおいそ》1152

☎0463-61-4888

㊡月曜《げつよう》、年末年始《ねんまつねんし》

神奈川県立図書館《かながわけんりつとしょかん》　山川菊栄文庫《やまかわきくえぶんこ》

山川菊栄《やまかわきくえ》の関連資料《かんれんしりょう》を所蔵《しょぞう》。

〒220-8585　神奈川県横浜市西区紅葉ケ丘《かながわけんよこはましにしくもみじがおか》9-2

☎045-263-5900

㊡月曜《げつよう》（祝日《しゅくじつ》の場合《ばあい》は開館《かいかん》）、第《だい》2木曜日《もくようび》（祝日《しゅくじつ》の場合《ばあい》は翌金曜日《よくきんようび》）、年末年始《ねんまつねんし》、資料総点検期間《しりょうそうてんけんきかん》（4月《がつ》の上旬《じょうじゅん》）

高知市立自由民権記念館《こうちしりつじゆうみんけんきねんかん》

楠瀬喜多《くすのせきた》、自由民権運動《じゆうみんけんうんどう》の関連資料《かんれんしりょう》を展示《てんじ》。

〒780-8010　高知県高知市桟橋通《こうちけんこうちしさんばしどおり》4-14-3

☎088-831-3336

㊡月曜《げつよう》（祝日《しゅくじつ》または振替休日《ふりかえきゅうじつ》の場合《ばあい》は開館《かいかん》し、翌日休館《よくじつきゅうかん》）、祝日《しゅくじつ》の翌日《よくじつ》、年末年始《ねんまつねんし》

羽仁《はに》もと子記念館《こきねんかん》

羽仁《はに》もと子《こ》の関連資料《かんれんしりょう》を展示《てんじ》。

〒039-1167　青森県八戸市大字沢里字古宮《あおもりけんはちのへしおおあざさわさとあざふるみや》35-3

☎0178-24-2232

㊡火曜《かよう》、水曜《すいよう》、金曜《きんよう》、土曜《どよう》

市川房枝記念展示室《いちかわふさえきねんてんじしつ》

市川房枝《いちかわふさえ》の関連資料《かんれんしりょう》を展示《てんじ》。

〒151-0053　東京都渋谷区代々木《とうきょうとしぶやくよよぎ》2-21-11 婦選会館《ふせんかいかん》

☎03-3370-0238

㊡土曜《どよう》、日曜《にちよう》、祝日《しゅくじつ》、年末年始《ねんまつねんし》など

鳥取市歴史博物館《とっとりしれきしはくぶつかん》　やまびこ館《かん》

中田正子《なかたまさこ》の関連資料《かんれんしりょう》を所蔵《しょぞう》。

〒680-0015　鳥取県鳥取市上町《とっとりけんとっとりしうえまち》88

☎0857-23-2140

㊡月曜《げつよう》（祝日《しゅくじつ》の場合《ばあい》は開館《かいかん》）、祝日《しゅくじつ》の翌日《よくじつ》、年末年始《ねんまつねんし》

熊本県立図書館《くまもとけんりつとしょかん》　くまもと文学《ぶんがく》・歴史館《れきしかん》

高群逸枝《たかむれいつえ》の関連資料《かんれんしりょう》を展示《てんじ》。

〒862-8612　熊本県熊本市中央区出水《くまもとけんくまもとしちゅうおうくいずみ》2-5-1

☎096-384-5000

㊡火曜《かよう》、毎月最終金曜《まいつきさいしゅうきんよう》、年末年始《ねんまつねんし》、特別整理期間《とくべつせいりきかん》

●写真提供（掲載ページ順、敬称略）

表紙　中村屋／奥村直史／津田塾大学図書館 津田梅子資料室／大同生命保険／PPS通信社／国立国会図書館
p.4-5　大同生命保険／日本女子大学／赤毛のアン記念館・村岡花子文庫
p.6-7　中村屋
p.8　長崎歴史文化博物館／グラバー園
p.9　吉本興業
p.10-11　実践女子大学図書館／岩村町観光協会
p.12-15　津田塾大学図書館 津田梅子資料室／国立国会図書館
p.16　茨城大学図書館／女子学院
p.17　跡見学園女子大学 花蹊記念資料館／滝乃川学園／大村市教育委員会
p.18　苅谷夏子／鳴門教育大学附属図書館
p.19　日本モンテッソーリ教育総合研究所／PPS通信社
p.20-23　影山写真事務所／澤田美喜記念館／旧岩崎邸庭園／毎日新聞社／PPS通信社／国立国会図書館
p.24　熱塩温泉山形屋／喜多方市社会福祉課／こころの家族
p.25-27　PPS通信社
p.28-31　奥村直史／山川菊栄記念会／主婦連合会
p.32　国立国会図書館／高知市立自由民権記念館
p.33　熊本市立図書館
p.34-35　婦人之友社／PPS通信社
p.36-37　市川房枝記念会女性と政治センター／国立国会図書館
p.38　主婦連合会／国立国会図書館
p.39　文化学院／国連難民高等弁務官事務所（UNHCR）
p.40-42　PPS通信社
p.43　鳥取市歴史博物館

●おもな参考文献

（本書の編集において参考にした文献のなかからおもなものを挙げています）

国史大辞典編集委員会 編『国史大辞典』（吉川弘文館）、『日本大百科全書』（小学館）、『日本人名大辞典』（講談社）
（以上は「Japanknowledge」http://japanknowledge.com/ にて利用）
文部科学省「学制百年史」http://www.mext.go.jp/b_menu/hakusho/html/others/detail/1317552.htm
文部科学省「学制百二十年史」http://www.mext.go.jp/b_menu/hakusho/html/others/detail/1318221.htm

広岡浅子 著『超訳 広岡浅子自伝』（KADOKAWA／中経出版）2015年
大同生命保険ホームページ「大同生命の源流－加島屋と広岡浅子」http://kajimaya-asako.daido-life.co.jp/
日本女子大学ホームページ「広岡浅子特集」http://www.jwu.ac.jp/unv/hirookaasako/index.html
相馬黒光 著『黙移』（日本図書センター）1997年
宇佐美承 著『新宿中村屋 相馬黒光』（集英社）1997年
中村屋ホームページ「歴史・おいしさの秘密」https://www.nakamuraya.co.jp/pavilion/
本馬恭子 著『大浦慶女伝ノート』（昭和堂印刷）1990年
植松三十里 著『時代を生きた女たち』（KADOKAWA）2014年
ナガジン（長崎webマガジン）「長崎の女傑 大浦慶」http://www.city.nagasaki.lg.jp/nagazine/hakken0405/index.html
矢野誠一 著『女興行師 吉本せい－浪花演藝史譚』（筑摩書房）2005年
吉本興業ホームページ「吉本興業ヒストリー」http://www.yoshimoto.co.jp/100th/history/
『歴史読本』編集部 編『物語 明治・大正を生きた女101人』（KADOKAWA）2014年
仲俊二郎 著『凛として』（栄光出版社）2014年
実践女子大学ホームページ「理念と伝統」https://www.jissen.ac.jp/idea_and_tradition/index.html
吉川利一 著『津田梅子』（中央公論社）1990年
飯野正子・亀田帛子・高橋裕子 編『津田梅子を支えた人びと』（有斐閣）2000年
津田塾大学デジタルアーカイブ http://lib.tsuda.ac.jp/DigitalArchive/index.html
樋口恵子 著『女の人生いつでもスタートライン』（有斐閣）1987年
斎藤省三 著『矢嶋楫子の生涯と時代の流れ』（熊日出版）2014年
女子学院ホームページ「学校案内」http://www.joshigakuin.ed.jp/school/deveropment.html
長谷川良子「黒澤止幾子の生涯」（リポジトリいばらき）http://ir.lib.ibaraki.ac.jp/handle/10109/1480
輝く茨城の先人たちホームページ「黒澤止幾」http://www.bunkajoho.pref.ibaraki.jp/senjin/index.php?Detail=true&no=102
高橋勝介 著『跡見花蹊女史伝』（大空社）1989年
跡見学園ホームページ「学祖・ 跡見花蹊」http://www.atomi.ac.jp/progress/atomikakei/
長島要一 著『明治の国際人・石井筆子－デンマーク女性ヨハンネ・ミュンターとの交流』（新評論）2014年
滝乃川学園ホームページ「学園沿革」http://www.takinogawagakuen.jp/history/
大村はま 著『新編 教えるということ』（筑摩書房）1996年
大村はま 著『教師 大村はま96歳の仕事』（小学館）2003年
鳴門教育大学附属図書館ホームページ「大村はま文庫」http://www.naruto-u.ac.jp/library/shiryo/002001.html
マリア・モンテッソーリ 共著『新しい世界のための教育法－自分をつくる 0歳～6歳』関聡 訳（エンデルレ書店）1992年
ヘルムート・ハイラント 著『マリア・モンテッソーリ』平野智美・井出麻里子 訳（東信堂）1995年
日本モンテッソーリ教育綜合研究所ホームページ「モンテッソーリ教育について」http://sainou.or.jp/montessori/about-montessori/index.php
澤田美喜 著『黒い肌と白い心－サンダース・ホームへの道－』（日本図書センター）2001年
青木冨貴子 著『GHQと戦った女 沢田美喜』（新潮社）2015年
わだよしおみ 著『ねがいは水あめの詩に』（PHP研究所）1983年
喜多方市ホームページ「社会福祉の母　瓜生岩子」https://www.city.kitakata.fukushima.jp/site/iwako/
東アジア学会 編『日韓の架け橋となった人びと』（明石書店）2003年
国連「World Orphans Day（世界孤児の日）」制定推進大会ホームページ「田内千鶴子とは」http://www.chizuko100th.com/who_chizuko.html
ヘレン=ケラー 著『ヘレン=ケラー自伝』今西祐行 訳（講談社）1081年
ジュディス・セントジョージ 著『ヘレン・ケラーを支えた電話の父・ベル博士』片岡しのぶ 訳（あすなろ書房）1999年
望月正子 著『マザー=テレサ』（講談社）1988年
五十嵐薫 著『マザー・テレサ　愛の贈り物－世界の母が遺してくれた大切な教えと言葉』（PHP研究所）2010年
平塚らいてう 著『元始、女性は太陽であった－平塚らいてう自伝　1～4』（大月書店）1992年
奥村直史 著『平塚らいてう 孫が語る素顔』（平凡社）2011年
福田英子 著『妾の半生涯』（岩波書店）2001年
群ようこ 著『あなたみたいな明治の女』（朝日新聞社）2002年
江村栄一 著『日本近代思想体系9 憲法構想』（岩波書店）1989年
こうち男女共同参画センターホームページ「時代をかける女たち 楠瀬喜多」http://www2.sole-kochi.or.jp/jyoho/play/place1/bbe01s3.htm
五味百合子 編『社会事業に生きた女性たち〈続〉』（ドメス出版）1980年
『歴史読本』編集部 編『物語 幕末を生きた女101人』（新人物往来社）2010年
ベティ・フリーダン 著『新しい女性の創造』三浦冨美子 訳（大和書房）1986年
土井たか子、ベアテ・シロタ・ゴードン 共著『憲法に男女平等起草秘話』（岩波書店）1996年
鶴見俊輔 著『民主主義とは何だろうか』（晶文社）1996年
筑摩書房編集部 著『市川房枝』（筑摩書房）2015年
山本藤枝 著『虹を架けた女たち－平塚らいてうと市川房枝』（集英社）1991年
古川奈美子 著『奥むめお物語－女性解放への厳しい道を歩んだ人』（銀の鈴社）2012年
主婦連合会ホームページ「人間奥むめおの奇跡」http://www.shufuren.net/mumeoten/mumeoten.html
森まゆみ 著『恋は決断力』（講談社）1999年
高橋展子 著『デンマーク日記－女性大使の覚え書』（東京書籍）1985年
高橋展子追悼集刊行世話人会 編『高橋展子さんを想う：追悼集』（高橋展子追悼集刊行世話人会）1991年
池上彰 著『お茶の水女子大学特別講義 世界を変えた10人の女性』（文藝春秋）2013年
ティエリー・ファリーズ 著『銃とジャスミン アウンサンスーチー、7000日の戦い』山口隆子・竹林卓 訳（ランダムハウス講談社）2008年
筑摩書房編集部 著『マーガレット・サッチャー』（筑摩書房）2014年
森まゆみ 著『明治快女伝 わたしはわたしよ』（文藝春秋）2000年
土井たか子 著『せいいっぱい 土井たか子半自伝』（朝日新聞社）1993年
ワンガリ・マータイ 著『UNBOWED へこたれない』小池百合子 訳（小学館）2007年
明治大学図書館 編『中田正子展』（明治大学図書館）2010年
江刺昭子 著『女のくせに 草分けの女性新聞記者たち』（インパクト出版会）1997年

もし悔《く》やむとしたら、
やらないで後悔《こうかい》するより、
やってみて後悔《こうかい》する道《みち》を
選《えら》びたい。

「成功体験《せいこうたいけん》は自信《じしん》となり、積極《せっきょく》的《てき》に生《い》きる力《ちから》になります。失敗《しっぱい》体験《たいけん》は、自分《じぶん》と周囲《しゅうい》を新《あたら》しい視点《してん》で見直《みなお》し何《なに》かを生《う》み出《だ》す力《ちから》に転化《てんか》できます。どちらもやってみてこそ得《え》られます」

監修

樋口恵子（ひぐち・けいこ）

評論家、東京家政大学名誉教授、女性未来研究所所長。1932年東京生まれ。東京大学文学部卒業、同大学新聞研究所本科修了。時事通信社、学習研究社、キヤノンを経たのち、評論活動に入る。「高齢社会をよくする女性の会」代表。主な著書に『女の人生七転び八起き』（海竜社）、『高齢化社会へのパスポート』（草土文化）、『女の子の育て方』（文化出版局）、『おひとりシニアのよろず人生相談』（主婦の友社）など多数。

イラスト（p.5, p.14, p.21, p.30）
丹下京子

年表イラスト
高橋正輝

撮影
松本のりこ

ブックデザイン
倉地亜紀子

執筆
橘 世理、山田智子

地図作成
ジェオ

図版作成・DTP
ニシ工芸

校正
小学館クリエイティブ（佐藤治）

編集・執筆
教育画劇編集部
小学館クリエイティブ（市村珠里）

なりたい自分《じぶん》になろう！
人生《じんせい》を切《き》りひらいた女性《じょせい》たち②
経済《けいざい》・教育《きょういく》・社会編《しゃかいへん》

2016年4月　初版発行

監　修　樋口恵子
発行者　升川秀雄
発行所　株式会社教育画劇
〒151-0051　東京都渋谷区千駄ヶ谷 5-17-15
TEL：03-3341-3400　FAX：03-3341-8365
http://www.kyouikugageki.co.jp/

印刷・製本　大日本印刷株式会社

48P　268×210mm　NDC280

ISBN978-4-7746-2047-3 C8323
（全3冊セット ISBN978-4-7746-3034-2 C8323）